日本の新構想
生成AI時代を生き抜く6つの英智

磯田道史　島田雅彦　神保哲生
Michihumi Isoda　Masahiko Shimada　Tetsuo Jimbo
中島岳志　西川伸一　波頭 亮
Takeshi Nakajima　Shinichi Nishikawa　Ryo Hatoh

小学館新書

まえがき

今は、世の中が大きく変わる時である。これから数年のうちに仕事の内容も働き方も、日々の生活も人間関係も、何に価値があって何に価値が無いかということの全てが大きく変わっていく。

いつの時代でも世の中のあり様を根底から変えるのはテクノロジーである。近現代と呼ばれる今の世の中を大きく変革する革新的なＡＩテクノロジーが登場して、まさにこれから生産様式と生活スタイルを劇的に変化させるムーヴメントが急速に立ち上がってくる。令和の人間が明治時代の人々の生活を歴史的情景として眺めるのと同じように、50年後の人々は今の世の中を古い時代のあり様として懐かしむようになるであろう。

今、起きつつある世の中の変化は、農耕の発明の以前と以後、あるいは産業革命の以前と以後にも匹敵するほどインパクトが大きいものになる。革新的なテクノロジーの発明は、生産様式や経済活動だけでなく、都市の形態や社会構造、職業や法律、更には家族関係や事の善悪まで社会のあり様と人々の生き方を変えてきた。

例えば、農耕は人間という生き物の生態を変えた。

農耕以前は、地球上の全人口は500万人程度だったのが農耕によって5000万人に増大した。農耕以前の人間は、食糧を求めて狩猟採集の放浪を続ける動物だったのが、農耕地に定住して大規模な集団（村）を作るようになった。

食糧生産の増大によって経済的余裕が生まれ、集団をまとめ管理するための行政官や宗教行事を司る神官といった直接農耕に携わる必要のない役割と職業が生まれ、集団を統治するための権力構造が成立した。大規模集団化で階層構造と権力構造を備えた〝社会〟が成立したのである。

このように農耕は直接的には多くの食糧を生み出したのだが、その延長に人口を増大させ、定住化を可能にし、権力と階層を備えた社会を成立させた。つまり、農耕の発明が人間という動物がどのような活動をするのかという生態までも変えたと言えるのである。

人間という生き物が他の動物と一線を画す唯一の存在である〝人間〟になったのも「文

字の発明」によってであるという見方ができる。
紀元前4000〜3000年くらいに、メソポタミアやエジプトを中心に文字が発明された。言葉は10万年以上前から意思疎通の手段として用いられてきたが、口頭で扱える情報量や正確性には限界がある。

農耕の発達によって大規模な都市が形成されるようになってからは、取引や徴税に関する事柄を記録しておく必要性が生じ、まず数字と記号が、続いて表記の汎用性を持った文字が発明された。そうして取引や貸し借りのみならず、それまで口伝で語り継がれてきた神話や歴史的事実も文字で記録することができるようになり、知識を資産として保存・集積することが可能になった。この知識の保存・集積によって、人間の知的活動は爆発的に拡大・高度化し得たのである。現代の我々の生活形態を成り立たしめている近現代の科学や思想の発達の端緒は「文字の発明」が起点になっている。

人間は「ホモ・サピエンス＝知的人間」と呼ばれる。人間を人間たらしめている〝知的〟な部分は、文字の発明によって拡大・高度化してきたことに因る。人間以外の動物でも自然に働きかけて農耕もどきの行動をする種は少なからず見られるし、鳴き声やダンス・ゼスチャーでコミュニケーションを図る種は数多い。しかし、文字によって知的所産を集積し、後世代に向けての貴重な資産として急速に知を拡大していくことができる動物は他に存在しない。文字の発明によって人間は〝人間〟になり得たのである。

人類の歴史は、このような大きなテクノロジーの発明によって時代を画す大きな進歩と発展を遂げてきた。羅針盤の発明による航海術の発達は新大陸の発見によって文字通り世界を拡げたし、活版印刷術の発明によって、マルティン・ルターの『95か条の論題』が社会に広がって宗教革命を起こし800年以上続いた中世に終止符を打った。

このように新しい時代のあり様は、テクノロジーによって変化させられる。中でも生産様式に大きなインパクトを与えるテクノロジーは社会を根底から変え、新しい時代を拓く。生産様式とは、財貨やサービスを生み出すための作業内容や役割分担、使用する道具やエネルギー、生み出された成果物の配分や価格付けのルールなどなど、生活活動にまつわる様々な要素のあり方・組み合わせ方のことである。典型的な生産様式の革新が、先に言及した農耕の発明で、食べる物や集団の形、ルールや住む場所、日常の時間の使い方まで生き物として別の種とも言えるほどに人間の生活の全てを変えたのは紹介した通りである。

生産様式に対してこの農耕の発明に匹敵するほどの大きなインパクトをもたらしたのが、18世紀から始まった「産業革命」である。

産業革命は、生産様式の最も基本的な部分を大転換した。それまで財貨を生み出すための生産活動は人力に頼っていた。つまり、原材料を加工して財貨を作るためのエネルギーは専ら人間の筋肉によって提供されていたのが、石炭や石油を使って人間の何百倍、何千倍ものエネルギーを使うことができるようになった。当然、産出できる財貨は巨大なビルを建てたり、何億トンもの鉄を生産したりと何千倍、何万倍にもなった。更には、それまでは全く不可能だったこと、例えば空を飛んだり、暑い夏にクーラーを使ったり、テレビを観て楽しんだりといった人類が未体験だった活動もできるようになった。

産業革命が始まってからの約１００年間で経済的生産物は実質ＧＤＰ比較で約20倍に増大したが、経済以外の大変革もすさまじい。地球上の人口も農耕の発明による増加以上の増加をもたらした。農耕による人口増は５０００年以上経て５００万人から５０００万人へと10倍になったのに対して、産業革命では３００年余りの間に8億人から82億人へと10倍以上に増えた。特筆すべきは人間の寿命を伸ばしたことである。人間の寿命は石器時代から数万年にわたって35歳程度でほとんど不変だったのに対して、産業革命がもたらした経済的豊かさとそれに連動した科学技術の発達によって現在では74歳と約2倍に伸びた。別種の生き物に生まれ変わったとも言うべき変化である。

このように産業革命は、人口増加、寿命の伸長、労働の内容と経済成長といった大変化をもたらしたのであるが、今、起きようとしている大変革はこうした農耕や産業革命に匹敵するほどの大きなものになる。この変革を推進するテクノロジーがＡＩである。

ＡＩは現行の生産様式を根底から変える。産業革命をもたらした蒸気機関や内燃機関が人間の体力を代替するものであったのに対して、ＡＩ（数年前に登場した生成型ＡＩ）は人間の知力を代替する。ＡＩ以前のＩＴは単純な計算やアルゴリズムに沿った定型的な情報処理を行っていたのに対して、ＡＩは自律的に学習して推論や判断といった、それまで人間にしかできなかった非定型的な情報加工も担えることが特徴である。

「Googleの猫」が登場してＡＩが目を獲得してから10年余り経ち、今、生成型ＡＩは自然言語をも獲得しつつある。ついにＡＩも人間と同等の理解や認知ができるようになってきている。

かつては畑を耕すにしても家を建てるにしても人間の仕事の9割が物理的なエネルギーの発揮によってなされていたが、産業革命によって人間の仕事は知的領域へとシフトしていき、今の仕事の9割は情報の加工と判断である。その情報の加工と判断がこれからAIによって代替されていく。

ジェームズ・ワットの蒸気機関が登場する前と後とで、それまでのロンドンとそれ以後のロンドンが全く違った街となり人々が全く違った生活を営んだのと同様に、AI化以前の社会とAI化以降とは全く違った世界になる。仕事の中身も、ライフスタイルも、権力構造も、物事の善悪の判断基準も、これまでとは全く異なったものとなっていく。世界全体が、一人一人の人生が、根本的に変貌を遂げる。今はまさにその時である。

社会全体の大変革の夜明け前である今、何より大事なことは、これから起こる変化を見通した上で私たちが作り上げるべき社会を構想していくことである。

「日本構想フォーラム」は、各分野の第一人者が集まり、成熟化社会において目指すべき社会ヴィジョンとそれを実現するための方法について自由に議論し、現実的かつ骨太な提言をすることを目的とした研究会として、約20年間にわたり活動してきた。

これまでにも各種媒体において研究会での討議内容を発表・公開してきたが、ついにＡＩが実用化されつつあるこのタイミングで一冊の本として社会への提言を行うはこびとなった。

本書ではまず第Ⅰ章で歴史学者の磯田道史氏による、これからの世の中の変化に関する総論の提示を行う。歴史学は政治も経済も文化や技術も総て包括したスコープで時代の流れを捉え、その変化の必然性と意味を提示してくれる学問である。社会の変化を論じる時、歴史のスコープから見える全体像は最も端的に本質を浮き上がらせてくれる。したがって、本書を歴史のスコープからの総論で始めることは、これからの世の中と人々の暮らしを理解する上でたいへんに有効であろう。

次いで第Ⅱ章では生命科学者の西川伸一氏より、科学の革新について非常に意欲的な論考が提示される。17世紀にデカルト、ニュートンらによって近代科学が拓かれ、今日まで合理主義と進歩主義によって世界は発展を遂げてきた。その流れの中で社会をここまで発展させてきたのは間違いなく科学である。西川氏は、その科学自体がＡＩによって大きく変わる可能性を論じている。科学の発展の流れに関する解説とスコープは、近代の総括と近代の次を構想する上で非常に重要な示唆を与えてくれよう。

第Ⅲ章から第Ⅴ章では、今の日本社会の現状を踏まえた上で、これからの社会がどうなっていくべきかを各論で提示している。

第Ⅲ章では波頭亮による「経済のスコープ」、第Ⅳ章では政治学者の中島岳志氏による「政治のスコープ」、第Ⅴ章ではジャーナリストの神保哲生氏による「メディアのスコープ」が示されている。

日本の経済も政治もメディアも、世界的に見ればたいへん特異的である。30年間成長が止まっている経済、民主主義国家なのに政権交代が起こらず国民の豊かさと幸福を実現しない政治、この10年あまりで報道の自由度が11位から70位へと低落していっているメディア。どのスコープからも日本の特異性は明らかであり、そうした現状を踏まえて各論者からこれからの日本のあるべき姿を提示している。

最終章の第Ⅵ章では、小説家の島田雅彦氏によるＡＩ化時代の到来を踏まえた世界の姿の創像が示されている。ＡＩと人間の差別化点の一つが想像力、創作力である。想像と創作のプロフェッショナルである小説家のスコープによって来たるべき世界の姿に思いを馳せるヒントを得ていただきたい。

以上が本書『日本の新構想』の構成である。

『日本の新構想』が、これからの社会を正しく見通し、善き社会を実現する一助になることを願っている。

波頭亮（日本構想フォーラム幹事）

日本の新構想　目次

まえがき……2

第Ⅰ章●歴史に学ぶ日本の再興　磯田道史……19

歴史的思考の必要性／日本人の価値観／親分を探す日本人／現代の勤勉革命／「知識・体験・技術」の重視／AI時代への備え／マニアを育てる教育／「〜たい」を叶える政治／日本再興のヒント／政治家に必要な資質

第Ⅱ章●生成AI：38億年目の創発　西川伸一……57

生成AIに生命科学者は二度驚く／アルゴリズムと情報／一つ目の驚き：DNAを核とした情報集約／二つ目の驚き：自然言語を核とした情報集約／生成AIの今後（身体情報［DNA］と脳情報［言語］の統合）／日本科学の未来／若手研究者の育成

第Ⅲ章●

わが国の今とこれからの方向性
〜経済からのスコープ〜　波頭 亮……97

第Ⅰ節：わが国の現状
①失われた30年を示すデータ
②経済成長の方程式と照らして
③どのような経済政策だったのか、どのような経営戦略だったのか
④国民はこの政策を望んできたのか
⑤主権者の責任

第Ⅱ節：これからどうしていくべきか
①新自由主義と再分配
②成長と安定化のための具体策
③社会安定化政策：介護産業への支援
④新しい公共インフラ：BI（ベーシック・インカム）
⑤民主主義国家における主権者責任

第Ⅲ節：これからの世界で起きる変化
①AI導入による生産様式の変革と圧倒的な生産性向上
②良きこと／正しいことへの価値基準のシフト
③権力構造／社会構造の再構築
④ライフスタイルの変化

第Ⅳ章●現代日本の政治思想　中島岳志……155
日本政治のマトリクス／リベラルとは何か／日本政治のポジショニングの変遷／保守とは何か／現代のポピュリズム／選挙制度改革：中選挙区制限連記制

第Ⅴ章●日本のメディアの構造問題　神保哲生……191
民主主義におけるメディアの役割／日本メディアの三大問題／軽視される取材／政府とメディアの一体化／メディアと市民／報道とAI／ジャーナリズムについて／メディアの未来／メディアと民主主義／日本政治の実態／ビデオニュース・ドットコムの未来

第Ⅵ章 ● 夢見るＡＩ　島田雅彦……233
世界の終わり／現代の幸福／現代社会のオルタナティブ／帝国主義の再来／歴史のｉｆ／祈りとしてのフィクション／ヒストリー・シミュレーターとしてのＡＩ／人間のＡＩ化／ＡＩとのコラボレーション／夢見るＡＩ

あとがき……272

第Ⅰ章

歴史に学ぶ日本の再興

磯田道史

写真／共同通信社

磯田道史［いそだ・みちふみ］

1970年岡山生まれ。慶應義塾大学大学院文学研究科博士課程修了、博士（史学）。専門は日本近世史。『武士の家計簿』（新潮新書）で新潮ドキュメント賞、『天災から日本史を読みなおす』（中公新書）で日本エッセイスト・クラブ賞を受賞。著書に『日本史の内幕』（中公新書）、『感染症の日本史』（文春新書）など。国際日本文化研究センター教授。

歴史的思考の必要性

日本再興のヒントを得たい。それには、経済の裏にある人間の頭の中の思想や技術から考えねばならない。そもそも、資本主義が生まれた背景には大航海時代以来の移動技術の発達がある。前近代の貴族政治が終わり、民主主義が誕生した背景にもライフル銃があった。ライフル銃が登場したことで、一般の民衆でも数日訓練すれば立派な兵士になれるようになった。ライフル銃があれば軍事貴族だった騎馬武者も簡単に撃ち殺せてしまうため、日本では武士の世が終わったように、世界で貴族制が壊れていった。戦場から帰還した兵士は、政治的な要求をし始める。さらには軍隊の規模が広がって総力戦の時代になると、工場での女性の労働が必要とされて女性も参政権を獲得した。

冷戦崩壊から2010年頃までは、経済的な発展には自由な市場や言論の自由、民主主義が必要だと信じられていた。一人当たりGDPのランキング上位にいる国々は、全て自由主義の国だった。しかし、近年は民主的でない国々も経済発展を遂げている。考えてみれば、日本も明治時代から民主的な国ではなかったが発展してきた。「だから民主主義は悪い」という話ではない。国民の快適度の観点では、民主主義で人権や自由を尊重する国家の方が優れている。21世紀半ばの社会では、非民主的な国々もいつかは民主的な国になるなどと、以前のように素朴に無邪気に信じられる時代ではなくなってきた。だから、歴史的思考が必要とされているのだ。

日本人の価値観

この日本で支配的な価値観は時代によって変わってきた。明治から昭和までの日本は富国強兵で統制されていた。江戸時代は忠孝思想で束ねられていて、親は大事に、親孝行をしろと言われていた。しかし、江戸時代は身分ごとに多様でもあった。それぞれニッチな価値観を持って生きていた。例えば、岸和田の若者はだんじり祭で、屋根の上でぴょんぴょん飛び跳ねる。その人は、一生をだんじりに懸けてそれを大切にして生きていた。その人が得られるのは周囲からの賞賛であってお金ではない。漆職人だったら漆の赤色に一生を懸けるような、そうした身分や職ごとの深い生き方が、かつてはどこにでもあった。

先日、京都五山送り火のテレビ中継に参加した。鳥居形の送り火もあって薪が焚かれている。その焚き火の赤色を出すために70年かけた人がいたというから、驚いた。松割木の根元で油分が他の薪より多い薪を集めて、赤色を出していたという。その赤色を出すことが彼にとっては至上の楽しみで、伝統的な日本にはこうした価値観があった。ただ、前近代には常に飢えへの恐怖があった。食べなければいけない、食べさせなければいけない。飢えを凌ぐことへの当時の思いは、現代のお金への思いよりもずっと切実だった。飢えでも疫病でも人が簡単に死ぬ時代だったので、中世や近世は世界中どこでも神仏への信心が深い世界だった。

太古の時代は神仏の力が強く、それから暴力や武力の時代になり、近代以降はお金の世の中になっていった。神から国へ、国から金へと価値観は変遷を辿《たど》ってきたといっていい。これから先どうなるのか、私には分からない。個人単位で多様な価値観が持てる社会になるのか、前よりももっと価値観が収斂《しゅうれん》していくのか。人工知能が幸せの定石を提案した時に、人々がその提案を受け入れるのか、そこまでの未来予測はまだできていない。

将来の日本列島に住む人類は、今よりはスピリチュアルな価値を大事にするのではないかとも思う。なぜそう感じるか。私は歴史家として、ずっと特権階級の観察をしてきたから想像がつく。例えば、平安中期にぜいたくのできるファミリーが日本に登場した。公《く》卿《ぎょう》と呼ばれる人々の家族で日記も残した。その数は、たかだか十数家程度である。その中で紫式部が仕えた藤原彰子は90歳近くまで生きた。まさに健康で文化的な生活を送った。

こういう未来を先取りできた人々は何に興味を持ったのか。神仏、恋愛、音楽、見世物、そして官位など社会的な格付に興味を持った。要は人工のシンボルにこだわる。官位制度も他者と比較した人工のシンボルである。ブランド志向も同じようなものだ。そして、平安の貴族も自然体験を求めて熊野詣《もうで》や社寺参詣をして、道中で動植物を見て楽しんでいた。

その後の鎌倉・室町時代は、源頼朝でも権力者はやや質実だ。再びスーパーリッチが登場したのは、国持大名の時代である。天下人である豊臣秀吉や徳川家康とその一族や、一国を持つ30万石以上の大名たちの家族である。これらの家族の行動パターンも、平安貴族とそう大きくは変わらない。官位と造寺造仏と恋愛・娯楽が大好きだ。江戸後期の豪商や、ストックからの収入で生活できる現代の富裕層を見ても、平安貴族と同じような行動をとっている。

ホモ・サピエンスが物質的な制約から解放され、飢えから解放された時に、時間をどのように使うのか。実は江戸時代と現代の日本を比較した時に驚いていることがある。

私の師匠だった速水融《あきら》は、江戸時代に「勤勉革命」があったと主張した。日本では勤勉な人だけが遺伝子を残して生き残ったと速水は考えていた。もしDNAの中にそうした勤勉性があるなら、そうした性質はtime-independentな、時間に対して独立の性質だと私は思っていた。しかし、この20年ほどの日本人を見ていたら、イタリア人の方が日本人よりよほど勤勉なのではないかと思えてくる。

現代日本では、効果的な働きへの貪欲性が失われているかもしれない。過剰に書類を作成したり、ムダに時間をかけて緻密に作業しすぎたり、そうした価値や利益に結び付かない勤勉な仕事への「型」だけが、日本人に残っている。効果がある仕事には徹底して働く。一方でムダな労働はしない。そうした姿は、かつては例えば昭和のモノづくりの世界には存在していたように思う。だからこそ、世界に冠たる商品を提供することができていた。どうも現代日本はそうした真の勤勉性を失っているようである。個々の人が効果的に働けないのであれば、ガバナンスを利かせ、経営者が指揮をすべきである。指揮されれば日本人は能率的に働くはずだ。しかし、その指揮をする経営者も少なくなっている。

一方で現代人が「遊び上手」であるかと問われたら、それも疑わしく感じている。江戸人の遺伝子には遊び上手という遺伝子があった。21世紀は経済がソフト化されている。遊ばねば面白いモノや発想は生まれない。働いて、よく遊んだ江戸人の姿に学びたい。

親分を探す日本人

日本社会は「由緒」を大事にしすぎる。例えば会社だったら社歴が長い人を重役にしたり、政治だったら当選回数が多かったり、父親や祖父が総理大臣だったりする人が総理大臣になりやすい。なぜ日本人は由緒を大事にするのか。

５００年ほど前に日本に一つの変化が起きた。変わったのは農業のやり方だ。日本より早く、中国の宋では農業技術が進んで、揚子江下流域が豊かになった。日本の農業もそれを横目に見て真似しはじめた。肥料をたくさん入れて、細やかな園芸的な農業を行えば、単位面積当たりの米の収量を増やせることに気付いた。

鎌倉時代には、草を肥料として土に入れる程度の工夫だったが、江戸時代に近づいてくると更に精密に農業を営むようになった。まず溜め池を作って水不足や干害を解消した。

次に、肥料も工夫した。入会地《いりあいち》を一度はげ山にして、すすきなどの草を生やしてから、牛や馬を放牧し、その牛糞を田畑に入れたら、穀物が一反あたり、バスタブ2つ分（2石）も作れるようになった。そうした環境で農民の手元に富が残るようになった。勤勉な人、細やかな農業ができる人、字が読めて賢い人、親の言うことをよく聞く人が農業を改良して富を残しやすくなった。

一方、武士は火縄銃の時代に入ると、どんどん天下の統一が進んだ。昔は裏山の城に籠ればば弓矢では落城させられなかったが、鉄砲があれば簡単に落城するからだ。秀吉の時代には、国内で50万人近くを動員できるようになって、中央集権化が進み、都市に領主を住まわせ始めた。

そうすると、中国や朝鮮よりも遥かに都市に人口が集中するようになる。上位10の都市に住む人口の割合を調査した研究によれば、中国はせいぜい2・6％程度だが、江戸時代の日本は8・6％程度まで増えた。日本では江戸、大坂、京都だけでも150万人が住んでいた。当時の日本の人口は3000万人程度なので、20人に一人は江戸か大坂か京都に住んでいた。これで識字率が上がらないはずがない。日本の成人識字率が40％近くになった。同時代の中国や朝鮮の識字率は、諸説あるものの、一桁台との説が有力である。識字率が1割に満たない国では工業化自体が難しかった。

江戸は社会的分業の細分化も進んでいた。耳かきの専門職や、刻みたばこを作る専門職まであった。出版文化も発達していてあらゆるガイドブックがあった。ロンドンよりも出版点数が多かったとの説もあるくらいだ。吉原の風俗のガイドブックとして『吉原細見』まで出されていた。大坂では先物取引まで行われていて、金融システムまで揃っていた。江戸期の日本に欠けていたのはエンジンや蒸気機関だけだった。

3億以上の人口がいる中国で北京の人口が110万人だった時に、3000万人しかいない日本の江戸の人口が100万人だった。これだけの人口密度があれば、賢くもなるし文化も花開く。

この江戸人の伝統は我々に深く根づいている。江戸人は朱子学を通して、主君と親が大切である規範が思考に刷り込まれていた。そのため、いつでもお父さんと親分を探す日本人の国民性が生まれたといっていい。最初の100年は親分を探そうとしない自由放埒《ほうらつ》な日本人もいたが、そうした人は殺されている。死刑の執行率を調べたら、権威の言うことを聞かない「徒者《いたずらもの》」が、人口2万〜3万人の城下町で年間に3人が処刑されていた。200万人の県だったら毎年300人が殺される計算になる。歌舞伎を観に行っただけで処刑された武士もいた。江戸時代の最初の100年は、領主による刑罰は、耳削ぎ、鼻削ぎ、処刑だった。主君や親の言うことを聞かない人は次々と処刑されていったのである。

親の言うことを聞かずに自由に生きたい人は都市へ行った。都市では感染症が流行していて抗生物質もなかったので、早死にして子孫を残せないことが多かった。一方、農村部に残って親の言うことをよく聞けば、単独相続で田んぼを全部もらうことができた。そのため、日本人の遺伝子プールは親の言うことをよく聞く「良い子」の集団となっていった。1650年頃から350年以上そんな過程が続いたから、結果として、日本人はみんな親分を探すようになっていった。

サミュエル・ハンチントンが指摘しているように、日本は外交でも世界でナンバーワンの国と組みたがる。古代は唐の大帝国につき、大航海時代にはスペイン、ポルトガルにつき、その後はオランダにつき、イギリスが世界の工場になればイギリスと組み、電撃戦をしたナチス・ドイツにも飛びついた。1960年代には工業化と計画経済の相性が良いからと社会主義のソ連に走るも、しかしアメリカが勝ったら次は構造改革だとアメリカに飛びついて、中国経済が伸びてくると、中国に企業が進出して、あとで痛手を受けようとしている。このように日本人の行動は分かりやすいのである。

今日の日本は、350年かけて形成された日本人の習性に基づいて、日本人が不幸にならない提案をしなければならない。無理な要求をしても所詮は無理なのだから、現実的に受け入れられる提案をしなければならない。

現代の勤勉革命

第一に、「所属が幸せを呼ぶ」という、日本人にこびりついた考え方を洗い流さねば、日本の再生は進まない。この所属には二つの方向がある。一つは、血縁に基づく所属である。政治家や多くの同族企業に見られる。もう一つの所属は、後天的なものだ。江戸末期から明治にかけて誕生した学歴や社歴だ。学歴が高いと、給料の良さそうな会社に入社でき、会社に所属すると、生活できる。この所属生活の思想から日本は脱却していない。

しかし、価値は他人への貢献によって生み出される。他人に幸せを与えられず、価値を生み出していないのに、単に学校に所属したり、会社や役所に所属するだけで、生活できるはずがない。自分が価値創出をしていないのに、一流企業に所属するだけで高給がとれたりするのはもう長くは続かない。しかし、良い集団に所属すれば、安心できる、暮らせる、という思想はいまだに日本人に深くある。日本の歴史を見てきて、この点の意識改革が日本には必要だと私は感じている。

江戸時代は、人々を無理やり競争に放り込んでいた。強い外形課税の制度があって、一定の田んぼには一定の税が課せられた。もし年貢を納められなければ、農民は自分の土地や家を売り払って、誰かの奉公人にならないといけなかった。奉公人になったら結婚できないので、子孫を残すことができない。高い年貢を納めるためには、商売で生計を立てる必要があった。そのためには、農業の知識を文字で学習できて、情報収集をして農業資材の肥料を安く買えて、受取書が書けて、帳簿を付けられてと、多岐にわたる仕事をこなしながら自分の田んぼを経営する必要があった。

畿内近国では17世紀からそうした社会の仕組みが整えられ始めた。そうした社会なので、字が読めて、よく働いて、商売上手な人たちだけが子孫を残した。この仕組みに向かない人は、遺伝子を残せなかった。

ところが、戦後の日本社会は外形課税を免れている。この問題には、日本人よりも海外の経営コンサルタントの方がよく気付いている。日本では競争があるようにみえて、実は老舗企業の若旦那、いや馬鹿旦那でも生き残れるシステムとなっているのだ。江戸時代の日本人が優れていたのは、外形課税があったので、鍛えられていたのである。ダメな人が子孫を残せない社会だったからである。

ただ、江戸時代の人が不幸だったかと言われたら、必ずしもそうではない。身分制の社会だったので、それぞれの人が為すべきことは決まっていて、所属も持ち場もあった。もちろん、その狭い世界での競争に負けてしまうと辛いは辛い。下の10％に入った大工は大変だ。商売換えとなりやすい。作物作りが下手な農民はもっと大変だった。田畑を失う。逆に、上の10％に入った大工は仲間内の尊敬を集められ高収入になったし、上手な農民は田んぼを増やせて子孫をたくさん残せた。

江戸時代の健全な競争を現代にも復活させる方策の一つは、ＢＩ（ベーシック・インカム）と一緒に解雇規制を導入することである。安心は所属先ではなく、国がＢＩで生活保障して与えるものだ。人々が安心感を持てない中で解雇が行われるのは人権侵害である。しかし、企業などの特定の目的のために作られた二次集団は、生活の場ではない。まず、ＢＩによって福祉、医療、社会保障の不安を無くして、生活の場の安心を担保する。その上で、利益を目的とする二次集団である企業では、仕事に向いていない人が企業から離れやすい仕組みも導入する。このシステムの運用には労働者への優しさの視点が必要だ。向いていない仕事を続けさせるのではなく、自分が向いている仕事や企業へ誘導してあげるシステムとなるからだ。いつまでも力を発揮できないままに会社にぶら下がるのは、本人もやりがいを感じられず辛いことだろう。

江戸時代の農民は、自分以外の家が潰れることには冷淡だった。村請《むらうけ》制で村落として助け合っていた時期もあるが、幕末から明治、大正へと時代が移るにつれて段々と冷淡になっていった。他の家が潰れれば、その分の田んぼを自分と子孫が持てるようになる。他家が生活できなくなるのに、無関心になっていった。したがって、近代以降、他人の人生設計をコーチングをする制度がこの国では未発達である。人の世話より、自分の生活を、である。

もし下位10%を解雇しながら利益目的集団を強化しようとするならば、集団から外れた人たちに寄り添うような人的支援、人のケアへの投資が必要になる。日本は国内で人間にもモノにも投資していない。その中で経済成長を目指すのは、餌を付けずに釣りをやるようなものだ。日本国内の人と資本に投資せよ。このことは政治のリーダーなり政策担当者なり、エリートとされる人たちがもっと言わなければならないと思う。

江戸時代以降の積み重ねで、他人がうまくいっていない時にしっかりと支えて誘導してあげる相談機能が日本にはないことが恐ろしい。うまくいっていない人は、辛ささえ言語化することが困難である。日本では、人と人の繋がりの薄さ、人的資源の欠如はよく指摘される。もし日本の生産性を上げようとするなら、人を孤立させず、社会の格差を縮める努力をする必要がある。

いくつかの内閣では中間層の解体への対策を謳《うた》っていたが、そう主張する政治家は世襲の資源を持っている場合が多く、本気が見えなかった。何ら具体的な政策が出てこないまま、記念就任のように首相が交代する政治を私たちは何代も見てきている。日本の再興のために必要なことをきちんと研究し、研究の結果をもとに政策を作り、研究しながら実行に移していくことが、現代の国民の求める本当のリーダーシップではなかろうか。昭和60年代までの日本はもっと効率的だったように思う。

中産階級が解体されてからは個人の自分勝手が進み、動物的な本能に基づく個人的な好き嫌いの発露が目立つようになってきた。動物的な直感によって、優れているとは言い難いもの、正しくもないものが評価されている。しかし、世の中はもっと複雑だ。知識や経験に基づかない動物的直感が当たる確率は低い。たとえ苦しかろうが言わなければいけない正しいことはあるのに、それを言うとしたら炎上を覚悟しないといけない環境になっていると感じている人もいるだろう。

「知識・体験・技術」の重視

こうなると、教育が大切になる。「知識・体験・技術」を重視することが現代日本には必要だ。これらは人間が何かを生み出すための材料になる。かつて日本が優れていたのは、知識・体験・技術を重視していたからである。知識・体験・技術を軽視するようになってから、日本はあっという間に没落した。

圧倒的な知識・体験・技術を持った人が物事を進めるべきだ。全ての人に投票権を持たせて人気投票をさせると、人は自分と同じようなレベルの人に投票するので、必ずしもレベルが高い人が当選するとは限らない。特に同調圧力、共感性が非常に強い日本では、平均的な人が人気者になるだろう。知識・体験・技術を尊重する風土がなければ、日本列島の人々の日本での発展は二度とない。

日本人は排他主義と受容主義の両面を持つ。強者と認めた文化は丸呑みする一方で、弱者と認めた異質な存在に対しては驚くほどに攻撃的になる。この日本人の特質は古墳時代にまで遡《さかのぼ》れるかもしれない。「倭王武《わおうぶ》の上表文」には、「東は毛人《もうじん》を征すること五十五国」とある。毛人とは毛むくじゃらの人という意味である。こうした史料から日本人の特性を見つめ直せば、これまでの誤りやこれから為すべきことは概ね分かってくると思う。

ホモ・サピエンスの中でも、ウチとソトの区別や戦略思考が強いグループと弱いグループがいる。自分たちの目的を確立した上で他者と争って富を略奪する戦略性は、大和王権は強かったが、大和王権に抑えられた人たちは弱かったのだろう。暴力の使用とコントロールは、文化や遺伝的要因によってグループごとに大きな差がある。

ＡＩの時代、知識・体験・技術はデジタル情報化され、共有される可能性がある。五感の共有の研究が進めば、他者の極上の体験を追体験できるようになっていくだろう。人間は知識量ではＡＩには勝てないが、知識と知識を結び付ける人間の脳神経の働きは、まだＡＩと競えている。

私たち一人一人の脳神経には知識・体験・技術が一体となって備わっていて、それらは一人一人の個体によって異なっている。これからは、「面白い人」をどのように育てていくのかが問われていくだろう。金太郎飴のように標準的な人材を育成する教育は変えるべきだと常々指摘されるが、どう変えるべきかの具体的な提案が弱い。そのため、政策として教育現場に落とし込まれるには至っていない。現場が新たな教育を自由に始めるのでも良いだろう。とにかく、日本の将来を変えようと思ったら、日本人の脳の中身を変えなければならない。

なぜ面白い人材が必要になるのか。多様な経験をした個人同士がお互いに尊重されなければ、新しい価値は生まれてこないからだ。よく言われる国際化は、離れた空間で生きてきて互いに異なる体験や技術を持っている人たちを一つの場所に集めることを指す。アメリカはそうした国際化を大学の研究の場で推し進めることで、大学を稼ぎの場として設計している。アメリカは大学で効率的に新しい価値を生み出しているのだ。しかし、日本の大学はアメリカ型の大学を制度的に真似ようとして、大きな政策的失敗に陥っているのかもしれない。文化的背景がアメリカとは異なる日本では、同じ目的を達成するにしても別の手段を構想する必要があるだろう。競争のあり方や寄付文化の有無が日米では違いすぎる。そのまま真似てはいけない。体験の多様性は空間軸だけでなく、時間軸でも生み出される。私は、違う時空間での人々の言動を研究することで、新たな体験を生み出すことが必要だと考えて研究をしている。

色々な体験をすると、思考が一人よがりでなくなる。視野が広がる。体験は、人間だけのものではない。動植物も色々な体験をしている。他人、異国人、異世界、いや、動植物の体験さえも含めて、想像し、自分たちの体験に取り込む。そうした考え方は日本人に親和性が高い。

日本人の神々への思想研究も大事だ。日本では、鍋でも古くなれば何かが宿って妖怪になって、魂を持つ。日本には、蛙《かえる》の神様も、蛇の神様もいる。色々なものを受け入れる日本の感受性は、21世紀における人類の共存の観点から重要になる。人里に降りてきた熊を撃つと、行政に泣きながら電話をしてくる人まで現れる。あそこまで熊に同情する日本人とは一体何なのか。森の中にいる危険な大型動物にも共感しながら生きている日本人もいる。太陽を神と崇めるのと、熊や森の生き物を神と崇めるのとでは、だいぶ違う心持ちである。

21世紀の後半では、人間の限界が明らかになるに伴って、動植物をさらに深く探るようになるだろう。脳内の変異によって神、国、金にこだわるホモ・サピエンスが登場してから、たかだか5万~10万年である。もっと長く生きてきた昆虫や鳥類などの生物の体験は、ホモ・サピエンスとは、まるきり異なっている。人間様ばかりが偉いと思っている文明はそろそろ限界だ。日本文明のように、人間と他の生物の垣根の低い考えは大切にしておきたい。

人間以外の生物に注目するのは、AIの方が人間より早いかもしれない。ただ、多様な体験を持つ個人同士が交流する時には言語が大事になる。自分の思うことを言語化して、相手に伝える力が必要となる。けれど、言語化できない、意識化できないものが、実は人間のほとんどをなしている。人間は無意識の海を抱えていて、意識化できるのはその一部で、言語化できるのはさらにその一部である。

ＡＩ時代への備え

ChatGPTに代表されるＡＩが勢いを増している。今のうちから、人間が諦めるところは諦めて、準備できるところは準備しなければならない気がしている。ソフトバンクグループの孫正義さんが講演で、ＡＧＩ（汎用人工知能）の説明をする際に金魚の絵を見せていた。全人類の脳の力を結集させてＡＩと競わせてみても、ちょうど金魚と人間が競争するようなものであると孫さんは語っていた。私にはそれが本当かどうかは分からない。しかし、天体の軌道計算や、物体の落下運動を予測するなどのタスクでは、ＡＩと比べ、我々は既に金魚のような存在である。

私たちはＡＩにできることは限られていると思っていたが、できることが次々に拡大している。例えば芸術の分野である。文学作品を書いたり、絵を描いたりすることも、ＡＩは意外に上手だと分かってきている。20年ほど前までは、ＡＩによってブルーワーカーの仕事が機械で代替されると考えられていた。しかし、ホワイトカラーやアーティストなどの創造的な職業をAIが代替する可能性も高まっている。

２０００年近い日本の歴史を辿ってみると、AIの登場はこの２００年間で日本が積み上げてきたものを崩壊させていくと思う。約２００年前の１８００年頃、日本が学歴社会に入る最初のきっかけが生まれた。ここで生まれた成功モデルは、医者・法律家モデルと言えよう。

１８００年頃は身分制だった。家柄のない者が社会の中で出世しようとしたら、学問を修めることになる。殿様や将軍の脈をとる医者になるか、算術か法令を学んで勘定方に入るかすれば、格外の大出世が可能だった。人々は、医者や法律家を目指して、藩が作った学校や幕府が作った昌平坂学問所や医学館で勉強をした。物覚えが良くて計算能力が高い秀才型の人は処遇が良くなる時代だった。今日でも医者になったり、東京大学法学部を卒業して役所に入ったりすれば処遇が良くなる――と、信じられている。

明治維新では身分ラベルに代えて、学歴ラベルの社会が作られた。あの人は東京帝国大学を出ている、あの人は陸軍士官学校を出ている、だから人に命令をしてよい人物だ、だから現在でいえば１５００万円や２０００万円の給料を与えてよい人物だとされた。基本的に、それから２００年以上経った我々もそのシステムの中にいる。親たちは子育てで、できるなら慶応大学レッテルや東京大学レッテルを貼ろうとする。入学試験を突破するために塾通いをさせて子供に修業をさせるのだ。

ところが今日、いくら勉強して医者・法律家になっても、ＡＩの時代に勝ち残れるかどうかは定かではない。例えば、電極に繋がった医療用の測定器のスーツを着れば、心拍や脳波などのデータが取れて、そのデータからＡＩが診断を下せるようになる。おそらく、ＡＩによる診断の見立てが、個人病院で医者が聴診器を当てて患者を診断するよりも精度が高くなる。そうなると、投薬の指示だけは人間の医師がやれと医師会は言うだろう。人間の医者がＡＩよりヤブ医者になっても、医師会は既得権を守ろうとするだろう。しかし、ＡＩが出した答え通りに治療薬を処方するだけの医者に多額の国税が投入されて、医者が高収入を得ることを、民主主義体制下の国民がどこまで認めるか。長持ちはしないだろう。

法律家の場合はもっと危機的だ。ＡＩを用いれば、裁判所に提出された書面や録音データから、この犯罪ケースはどの構成要件にあてはまって、判例から量刑相場ではこれくらい、といった判断が瞬時に出せるようになる。法的書類もＡＩがさっさと作る。ひょっとしたら人間の裁判自体がなくせるかもしれない。ＡＩに人間の知性が負ける世の中になったら、大学へ行く目的が問い直されるだろう。

ＡＩは機械なので、食べ物を味わって食べるわけでもなければ、旅行や恋愛をするわけでも、感動をするわけでもない。ＡＩは身体性を持っていない点で体で体験する人間とは大きく異なる。ＡＩの登場による変化として、私は二つの点に注目している。

一つは、人間の実体験である。ＡＩの時代は、人間の実体験の価値が上がる可能性があると考えている。もう一つは、生産手段を持つ価値が高まることだ。ＡＩは道具なので、生身の人間と同じように、土地や会社の所有者にはならない。そうした中で、依然として、土地や会社を所有する人は、家賃収入を得られたり、大きな会社の株から配当を得られたりする。無能でも、世襲の大地主や株主が「所有」によってＡＩ時代も安心に暮らせるのに、頑張って勉強した人はＡＩに負けて無価値とされたりするかもしれない。それを危惧している。

私は大学教授として歴史の解説をするが、ひょっとしたらＡＩの方が良いコメントをするかもしれない。私の解説よりもＡＩの解説の方にみんなが頷くようになったら、私が古文書を読んできたことの意味が問われる。一方で、田園調布に３０００坪の土地を持っていれば、ＡＩ時代も安泰で家賃収入が得られる。そうなっても、人間は勉強をするのだろうか。ＡＩをドラえもんのように使って、自分の頭は使わず、努力もしない人が増える可能性がある。この問題も考えなければならない。

マニアを育てる教育

日本は２０００年には一人当たり名目ＧＤＰで2位だったが、２０２３年には34位だった。多分40位ぐらいまで落ちるだろう。先進国ではなく、中進国らしくなってきた。ただし歴史家から見たら、日本の現状に驚きはない。古代では日本は世界の最貧国だったからだ。奈良時代以前の日本の一人当たりのＧＤＰは、ＧＫドル（各年の各国通貨を購買力平価と物価変動率を用いて、１９９０年の共通ドルに換算したもの）で計算して５００ドルくらいだった。同時代の宋は１０００ドルから１２００ドル程度だった。１８００年の医者・法律家モデル下の日本は、一人当たりＧＤＰで東アジア諸国の中で1位になった。中国も朝鮮も寄せ付けない力があった。日本列島は、地震も起きるが温泉も出る。温泉の熱水がある場所では金銀が出る。徳川の最初の三代で金銀をどんどん輸出して頭金を作った。かつて日本が宗主国になり植民地にしてしまった国々に一人当たりＧＤＰで抜かれ始めたのが、この10年である。人類史はぐるぐると周回し続けるので、元に戻ったのだと捉えている。

日本人が現状を憂うのであれば、変えなければならないのは教育の在り方である。列島に暮らす人々が幸せに暮らせる教育の姿を明らかにして、そのために投入するリソースは何かを計算して、なけなしの税収資源や休日の時間を使っていく必要がある。

面白いものを作り出すには、面白い体験をしなければならない。例えば世界にある２００近くの国や地域を子供に割り当てて勉強をさせてみたらどうだろうか。ある子供は中学一年生からジャマイカについて勉強して、誰よりもジャマイカには詳しい。ある子供はペルーのチチカカ湖については誰よりも詳しくて、その地域の町長が誰かということまで知っている。そういう多様な日本人があちこちにいたら、それも一種の国力になると思う。みんなで一斉に英語を勉強するよりは、ニッチな情報にマニアックに詳しい人がたくさん生まれる教育の方が、これからの時代には重要である。江戸時代も鎖国はしていたが、◯

○オタクがいる社会だった。蝦夷地《えぞち》オタク、オランダ医学のオタク、地図オタクが、それぞれに誰も知らない知識を持つことで自己実現をしていた。一律に同じ知識を持っている国民の集団は、簡単にＡＩに置き換えることができる。一方、ニッチな情報を一人一人が持つ状態は、ＡＩが人間に頭を下げて、教えて下さいと言ってくる。

最近の入試の国語は取扱説明書や論理パズルのような問題が増やされそうで、これはよろしくない。そうした知能検査のような問題よりも、『更級日記《さらしな》』のような古典作品にマニアックな興味を持つ方が大事だ。単層林のような知識ではＡＩに勝てない時代になる。もちろん、共通の基盤となる知識は必要だが、マニアックな知識を持つ人をたくさん育てることが必要になる。

「〜たい」を叶える政治

これからの教育は意志、意欲を育てるがテーマになる。小さい頃からやりたいと思ったことを実現させてあげる環境が必要だ。本人がやりたいことを気付かせてあげることも大事で、適切な条件付けをしてあげたり、横で並走してあげたりする教育が必要になる。こうした教育の実施は新技術によって随分容易になっていると思う。

先日、佐賀県知事に会った。私は政治とは「〜たい」に応えることだと話し、新しい教育を提案した。明治維新後に出た「五箇条の御誓文」には、「各《おのおの》其《その》志ヲ遂《と》ケ人心ヲシテ倦《う》マサラシメン事ヲ要ス」と記されている。現代語訳すれば、「各々がやりたいことがやれて、ガッカリさせないことが大切だ」となる。日本は西欧列強の暴力にさらされた時に、人々がやりたいようにさせてあげて、がっかりさせないことが大切だと宣言して近代国家への道を歩み始めたのだ。

私は日本国は、この原点に戻れば良いと考えている。保守的と言われようが、「五箇条の御誓文」は重要だと思っている。やはり、西郷隆盛や木戸孝允《たかよし》は傑物だった。その後は汚職にまみれるような志士も数多く出たが、早死にしていった豪傑たちは本気で国家の行く末を考えていた者も多かった。せっかくこの世に生まれてきたのだから、やりたいことをやらせてあげて、そこで得た幸せや感動を他者に及ぼし、他者を傷付けずに他者の世話をする。政治はこれに尽きる。

子供たちから「〜たい」を集めることを佐賀県知事に提案した。カブトムシを採りたい、海で釣りがしたい、そうしたささやかな「〜たい」も出てくるだろう。でも、そのささやかな学びの場を、子供が予想も付かないような学びの場に変えてしまえば良いのである。

例えば、カブトムシを採りたい子供たちのために、クヌギの木を植えて林業試験場を用意し、なぜカブトムシはクヌギの樹液に集まるのかを子供たちに問う。あなたたちがご飯を食べたいように、カブトムシを採りたいように、カブトムシは生き延びるためにクヌギの樹液への欲望を持っていると話して、カブトムシの欲望を子供に理解させることができる。

そこで初めて、子供は自分たちだけでなくカブトムシも運動性や志向性を持つことを学ぶだろう。脳で大事なのは志向性である。あっちへ行きたいと思う志向性の分析が重要である。それが意識の始まりだからだ。

無意識の海の中で、「こっちへいきたい」という志向性が生まれた瞬間に、時間を超越した何かが発生する。この志向性は時として他の個体を暴力的に破壊してでも目的を達成しようとするほどに強い。志向性の強烈さには警戒心も必要だ。しかし、この志向性や意欲がなければ何もできない。ＡＩは道具にすぎない。ＡＩを使って何がしたいか、その意欲が大切になってくる。

子供の体験意欲を既存の学問に結び付けるかたちで教育を設計することが必要である。そうした教育を始めたら、ひらめいたことに取り組む子供も出てくるだろう。今の技術ならば、一級の人に会うことができる。大谷翔平選手に話を聞くことも実現可能だ。

佐賀県の税金を使って子供たちが大谷選手と30分間リモートで話せる機会を作ることも佐賀県知事に提案した。もし実現したら子供は税金を払うことに意味があると思うようになるし、良い県に生まれたと感じるだろう。歴史好きの少年少女を集めてくれたら、私も子供たちに話をするとも知事に伝えた。子供の頃に税金が有効活用される体験をすれば、自分たちの志向性次第で税金は自分たちの幸せに繋げることができると感じられるようになる。こうした体験の積み重ねがなければ、まともな国は生まれない。私たちの国は、国づくりの根本的な議論をしながら、たくさんの血を流しながら明治維新を行ったのである。今は教育や国家について、根本的な話をする必要がある時代だと思う。

生活のために所属を重視する今のシステムだと、たまたま記憶力に恵まれた子供はみんな塾へ通って、払いの良い企業に所属するための抽選券を得られる大学への進学を目指す。

大学への入学を目標とするとなると、そのための勉強はコストとして捉えられて、勉強が面白い体験に繋がる楽しいことだとは思えなくなっていく。そういう人たちは、社会的地位やお金の多寡で他者との距離を測り始める。

会社に所属することで会社から何かをもらおうとする人たちが集まると、会社は一大事だ。そんな会社は何の価値も生み出さない。稼げない会社になっていく。それでもしばらくは、日本はもつかもしれない、いや、もう数十年はもたないかもしれない。その先は恐ろしいことになる。

日本再興のヒント

ＡＩ時代は、他人もＡＩも知らない情報が大切だ。デジタル情報になってネット上にないニッチな情報が価値を持つ。したがって、入試に出ない知識が大切になる。教科書や入試の知識は誰もが知っている。また、ＡＩに指示できる言語化の能力が重要である。しかし今日、雄弁とか、芸術的能力は入試では問われない。絵が上手に書けなくても、上手にピアノを弾けなくても、東大にも慶応にも入れる。２００年前と同じく、もっぱら記憶力や計算力で、人選している。

アートは人を感動させる術である。明治維新までの元勲は掛け軸に揮毫《きごう》する作品を作れなければ、いっぱしの人として認められなかった。そうした文化を、日本は西洋に追いつくために全部捨て去った。アートが楽しめなければ人間ではないと思われていた時代から、役人は一流大学の法学部を卒業して何かの試験に合格すれば、凄い人として認められて、昔の殿様並みの権限が与えられる時代になっている。

政治家も役人も教養がない。掛け軸も書かねば、和歌も詠まねば、漢詩も詠まない、絵も描かない。アートの能力が問われないのが現代日本である。21世紀に人間らしさを追求していく中で、アートへの理解や興味がないことの具合の悪さも認識されつつあるが、それでもまだ日本はアートの重要性に気付けていない。

入試といえば、中国の科挙が想起される。中国では、司馬光や王安石のように科挙に合格して政策に携わった人が多い。司馬光は『資治通鑑《しじつがん》』を書いた政治家だが、私はあまり好きではない。司馬光は歴史を書いてばかりで庭にも出なかったと何かの本の一節に書いてあった。庭にも出ない人が書いた歴史は、真の人間の歴史にはなっていないと思う。幼い頃から『資治通鑑』を読んだ時に司馬遷の『史記』ほど人間が躍動していないと違和感を抱いていたが、そうした違和感を大事にすることも大切だ。

私たちが歴史として認識している歴史は、国家や貴族中心の歴史である。そんな中で、紫式部は貴族の世界を扱いながら、人間の感情や本能に踏み込んだ作品を書いた。紫式部が書いたのは天皇の不倫話、しかも主人公が父親の相手の女性を寝取る話である。しかし、人間とはそういうものなのである。そうした人間臭い出来事の積み重ねで歴史が作られてきた。その在り様を、具体的な個人名では書けなかったので、架空の世界として書いたのが紫式部である。当時の人は『源氏物語』を読んで背景事情まで含めて理解した。その点、藤原道長は、政治家として正しいかどうかは別として、スケールが大きい人物だった。

『源氏物語』は支配層に大きな影響を与えたが、一般人まで含めると『太平記』の影響が大きかったと思う。『平家物語』や『方丈記』の影響もあっただろう。『方丈記』の「ゆく河の流れは絶えずして、しかももとの水にあらず」との一節は、生物の細胞の話としても読める。生き物は食事によって自分でないものを体内に取り入れつつ、自分のかたちを維持しようとして、最後には崩壊する。西田幾太郎《きたろう》の哲学も同様だ。自分と違うものを取り入れ続けないと自分であり続けることができないという当たり前の真理についても、西田は考えた。次の時代には、哲学の重視も必要である。

日本を再興するためには、知識・体験・技術、哲学、雄弁、芸術の重視が求められる。

政治家に必要な資質

政治家に求められるのは、問題を特定して、問題を解決するのに最適な知識、技術や人のことを周囲の人に聞いて回る習慣だ。世襲制の江戸時代でも、本人の能力が高くなくても、条件が整えば、上手な統治を行った殿様がいる。良い殿様は家来の意見をよく聞くのが、特徴だ。領内で悪い情報はないか、本当に困ってひどい状態に陥っていることはないか、と、いつも、聞く。また、熱意ある殿様は、自分でその問題を解決することができなければ、その問題を解決できる人を探してこいと家来に命じる。家来は死に物狂いで人を探す。間違いがあったら切腹をする武士の世界だから家来も必死である。家来が問題を解決できる人物を見つけてくると、殿様はその人物にどうすればよいかを聞いた。

上杉鷹山はそうした殿様の典型例だった。鷹山は領内の飢えを解決するために、空いた畦道《あぜみち》に果物の木を植えるべきだとの意見を聞いて、即座にその意見を実行に移した。インドのアショカ王以来、道に果物の木を植える君主は支持される。政治家でも経営者でもなんでもそうだが、何もしなくても上の地位に居続けられるのは良くない。問題を常に探し、問題を見つけたら、解決できる人を探し出してこなければならない。

もう日本再生には時間がない。早く、教育者と政治のリーダーの選び方を見直す必要がある。まず、日本人のリーダー感覚を変えなければならない。何かをかき集めた人を偉い人だと誤認して、政権や権限を委ねている。大金持ちになったり、会社で出世頭になったりと人が「得ている」地位に注目するのではなく、その人が周囲に「与えたもの」を見るべきだ。例えば良い法案を駆けずり回ってこしらえてくれたり、自分の一銭の得にもならないのに他人のために一生懸命世話を焼いたりする奉仕力を評価すべきである。本人が貧乏であっても、名門の出ではなくても、後ろ姿が拝まれるような行為をしている人を一生懸命に探さなければならない。人に与えて貢献していると思われる人に公の権限を委ねて、世話焼きな人に色々な物事を進めてもらうことが一番良い。そのためには国民意識を変える必要がある。

今は、お父さんが○○大臣をやっただけで、自分は全く努力していなくても政治家になることができる。孫やひ孫の代になれば、多くのケースで人間は劣化していく。中には優秀な人も出てくるかもしれないが、それは珍しいケースである。明治維新は世襲制度を廃止したが、現代はまた元の世襲制度が戻ってきている。選挙区の世襲は、裏金を貯める特権つきのある種の家業のようになっている。

近年、国民を敵・味方に識別する政治家が出てきている。これは良くないことだ。政治家は何党に所属していても、国民は全て自分の国民だと思って欲しい。自分と同じ考えの国民や記者だけを可愛いと思うことはいけないことだ。江戸、明治、大正や昭和戦前期の政治家は、一度政治の柄《つか》を執ったら、全ての国民のために政治をしなければならないと考える帝王学を持っていた。しかし、今はその帝王学が失われている。みんなの国民であり、みんなのメディアである。政治家になった以上は、敵・味方の識別はせずに、国民を等しく愛し、みんなのために政治をする覚悟が必要だ。

第Ⅱ章

生成ＡＩ：38億年目の創発

西川伸一

西川伸一［にしかわ・しんいち］

１９４８年生まれ。１９７３年京都大学医学部卒、京都大学結核胸部疾患研究所にて研修医、医員、助手を経て、１９８０年より基礎医学に進み、毎日作られては壊される細胞の新陳代謝の根元を支えている「幹細胞」について研究を続けている。１９８０年ドイツのケルン大学遺伝学研究所に留学。帰国後、京都大学胸部疾患研究所にて助手、助教授を務めた後、１９８７年熊本大学医学部教授、１９９２年より京都大学大学院医学研究科教授を歴任。２０００年理化学研究所発生・再生科学総合研究センターの副センター長および幹細胞研究グループディレクターを併任。２０１３年、あらゆる公職を辞し、ＮＰＯ法人オール・アバウト・サイエンス・ジャパン代表理事として新しく出発。様々な患者団体と協力し、患者がもっと医療の前面で活躍する国にしたいと活動を行っている。

生成ＡＩに生命科学者は二度驚く

１３８億年前のビッグバン以来、地球上では色々な創発が起きてきた。創発とはそれまでには存在しなかったルールやシステムが生まれることを意味する。生物学の立場で重要な最初の創発は38億年前の生命誕生だった。言語もまた生命現象に関する大きな創発の一つである。そして今、生命誕生から38億年目にして全く新しいシステムの創発が起きている。ChatGPTをはじめとする生成ＡＩの誕生だ。これまでに人間が全く考えたことのなかったシステムが誕生しつつある。実は生命科学者は生成ＡＩの登場によって二度驚いた。これからその二度の驚きについて説明しよう。

最初に押さえておくべきは、ChatGPTなどの生成ＡＩブームの根本に存在するTransformer/Attentionモデルである。このモデルは〝Attention Is All You Need〟と題されたGoogleの論文で２０１７年に提唱されたモデルである。それまではＡＩにおける自然言語処理分野では、再帰構造（ＲＮＮ）や畳み込み構造（ＣＮＮ）というモデルが用いられていた。しかし、この論文で説明されているAttention機構を用いることで、従来のモデルに比べて格段に処理精度が高まった。ChatGPTの基礎にもこのTransformer/Attentionモデルが用いられている（事実、2024年のノーベル物理学賞、化学賞はGoogle関係者が受賞した）。このモデルがもたらした社会的インパクトの大きさを考えれば、ノーベル賞100個分に値すると思っている。生命科学者の立場からTransformer/Attentionモデルを見ると、情報（自然言語）とアルゴリズム（Transformer）が機械（物理法則）を作動させることで、知性が誕生したことに画期的な意義がある。

では生成AIのどこに生命科学者は二度驚いたのか。一つ目の驚きは、生成AIが生命誕生から現在に至るまでの生命情報を統合できることへの驚きである。ChatGPTが登場する以前から、生物学の分野ではTransformer/Attentionモデルが利用されて目覚ましい成果が生み出されてきた。例えば、このモデルを用いることでタンパク質の構造予測や細胞の動態予測において従来では考えられないくらい大きな成果が挙がっている。ChatGPTが自然言語を使いこなすのと同様に、DNAを言語として読み取ってコンテクストを理解した上で色々な予測ができるようになり、生命科学に大きな変革がもたらされた。

もう一つの驚きは、ChatGPTがDNA情報ではなく自然言語を核として情報を集約することができることへの驚きである。ChatGPTなどの生成ＡＩを用いることで、人間がこれまでに言語を用いて蓄積してきた膨大な知識を全て統合できるようになる。これまでの地球の歴史の中で二大創発とも言えるＤＮＡと自然言語のいずれをもインプットの対象とすることができて、それらの情報を統合して処理しているような感覚さえもたらす生成ＡＩの登場に、生命科学者としては驚きを隠せない。生成ＡＩによってとんでもないことが起きているという感覚がある。

アルゴリズムと情報

アルゴリズムと情報の重要性を理解するために、科学の歴史に触れておこう。

もともと科学という営みは17世紀に物理学・天文学の領域で誕生した。科学の父ともみなされるガリレオは、客観性を得るための手続きとして科学を構想した点が革命的だった。科学というと一般には物体の運動法則を明らかにすることが中心的なテーマとしてイメージされる。しかし、何らかの特定の対象を持つから科学なのではなく、何らかの発見自体に意味があるから科学なのでもなく、万人が納得できるような一連の手続きを提示することで客観的な真理に到達するプロセスそのものが科学であるとガリレオは主張した。

客観性を得るための手続きとしての科学が誕生した17世紀には生物や人間は科学の対象となっていなかったが、18世紀から生命の発生や進化を考える運動が始まった。その運動は自然史運動と呼ばれている。自然史運動における中心的な問いは、生命は物理法則で説明できるかという問いだった。生命の発生や進化という現象の背後には、それまでの天体の動きや物体の運動を説明する物理法則とは異なった生命特有の動作原理があるのではないか。フランスのビュフォンを中心とするそうした問題意識を持った人々による運動が自然史運動だった。

物体の運動を説明する古典的なニュートン力学の世界観では、物体の運動は最初に原因があり、時間経過とともに進行する法則に基づいた過程があって、最後に結果が生じると説明される。例えば、ボールに力という原因が加わるとボールが動き始め、一定時間が経過するとボールの位置が変わる。逆に言えば、ボールが移動したという結果には、力が加わったという原因がある。この説明においては、原因から結果が生じるという一方通行の矢印が存在している。

しかし、生物の現象はニュートン的な古典的力学の世界では説明しきれない。例えば滝登りや川上りをする魚は、川上で安全な産卵を行うという目的があり、その目的のために運動器官や運動機能が発達している。生物にはまず達成したい目的が最初にあって、それを達成するための手段が備わっているように見える。つまり、最初に原因があって最後に結果が生じる物理法則とは異なり、生物の場合には最初に目的があって、その目的から逆算されるかたちで機能や手段が準備されている。生命現象においては、未来に属する目的のために現在の手段が用意されているように見えるのだ。原因から結果が生じるという過去から未来へと一方通行の矢印が存在するニュートン世界と、目的のために手段が準備される生命現象においては、矢印の向きが反転している。したがって、物理法則では生命現象を説明することは不可能である。これが自然史運動から導き出された最終的結論だった。

自然史運動の限界を突破したのがダーウィンの進化論である。ダーウィンの進化論が画期的だったのは、未来に存在しているように思われる生物の目的は、現在にある多様性の一部が環境によって選択された結果だと説明したことである。首の長いキリンは首を長くするという目的が先にあって首が長くなったのではない。多様なキリンがまず存在していて、その中で自然淘汰というプロセスで選択された結果として、首の長いキリンが増えていったとダーウィンは説明した。生物には目的があってそれを達成するための手段が備わっていると考えた自然史運動の結論とは真逆の説明である。未来に存在する目的のために現在の手段が用意されるのではなく、最初から存在する結果がアルゴリズムに従って選択されただけだとダーウィンは説明したのだ。生命現象を説明する矢印を反転させたダーウィンの説明は、それまでの科学にはなかった発想を用いていて、当初はなかなか理解されなかった。しかし、ダーウィンが試みたアルゴリズムによる世界の説明が、その後の生物学や生命科学の道を切り拓いた。

ダーウィンによるアルゴリズムを用いた生命現象の説明は、具体的な「情報」が付加されると分かりやすくなる。ダーウィンの進化論というアルゴリズムによる世界の科学的説明は、メンデルによる遺伝法則の発見によって補完された側面がある。

メンデルはエンドウ豆を用いて遺伝の研究を行った。しわのあるエンドウ豆と丸いエンドウ豆をかけあわせた子孫のエンドウ豆の形質をメンデルが調査した結果、生命には子孫に伝えられる「情報」が存在することが明らかになった。親から子へと伝わる情報が、もし自然環境により選択されれば、その形質をもった個体が増える。メンデルによる遺伝法則の発見によって、生命現象には情報とアルゴリズムの両者が関係していることが示され、ダーウィンの進化論というアルゴリズムが具体的に説明される道が拓かれた。

情報とアルゴリズムという二つの概念は、生命科学の分野では当たり前のこととして自然に導入が進んだが、これを学問的に完成させたのは20世紀の情報科学だ。20世紀に登場したコンピューターの発明において多大な貢献をしたのが、シャノンとチューリングである。シャノンは、情報はそれ自体では物質ではないにもかかわらず、電話に使われる電線を通すことで情報が変化することに注目した。電線などの物理的なものと情報という非物理的なもののインタラクション（相互作用）を理論化することで、情報という非物質的原因が、物質世界と相互作用できるという情報理論を作り出した。チューリングは、論理過程を機械運動に置き換える方法を研究して、ロジカルな論理は全て機械の物理的な運動で表現できることを突き止め、物理世界とアルゴリズムの相互関係を初めて明らかにした。この両者の発想が組み合わされて、目には見えない非物質的な情報とアルゴリズムが、物質である機械とインタラクションすることによって物理世界を操作することが可能だと分かった。いわばこの二人の発見によってコンピューターの理論的な準備がなされたと言える。情報とアルゴリズムという目に見えない因果性を研究したという点で、彼らはダーウィンに続く生物学者と言ってもいいと私は思っている。

少し遅れて遺伝の分子基盤（生命を誕生させた情報）が明らかになり、ダーウィンアルゴリズムの存在も確認された。生命を支えるのはダーウィンアルゴリズムだけではないが、生命はＤＮＡ情報とアルゴリズムによって物理世界をコントロールしている。シャノンとチューリングは、ダーウィンとメンデルが発見した情報とアルゴリズムを発展的に情報科学へと持ち込んだ。そしてシャノンとチューリングが確立した情報理論のシステムが再び生命科学の世界に持ち込まれて、ＤＮＡなどの仕組みが分かるようになってきた。その意味で、今の分子生物学は基本的には情報科学である。21世紀を迎えたタイミングでヒトゲノムが全て解明されたことは、進化論と情報理論が交錯したという意味で非常に象徴的なイベントであった。

一つ目の驚き：DNAを核とした情報集約

以上のように生命科学の歴史を見た上で、まず一つ目の驚きについて述べるが、その前に、アルゴリズムと情報という観点で人間の進化と歴史を辿ってみよう。

これは私見だが、生命の持つアルゴリズムは有機化合物が生成する過程で生まれたと思う。その中でもともと情報性を持つ核酸が情報以外の機能を担うようになったのが生命の誕生に繋がった。生命誕生以来、さまざまな創発が起こったと思うが、情報の観点で生命システムをグルーピングすれば、DNAを基盤とする全ての生命で見られる創発と（一つ目の驚きに繋がる）、言語誕生後ホモサピエンスだけで起こった創発に（これが二つ目の驚きに繋がる）分けるのがいいと思っている。

耳慣れない言葉が続くと思うので読み飛ばしていただけばいいが、38億年前にまずゲノム（DNA情報）が登場して、21億年前にはエピゲノム（ゲノムの使い方についての情報）が生まれた。ゲノムとエピゲノムによって生命は世代を経て情報を伝達可能になり、外界である環境への対応・適応が始まった。ただ、ゲノムでの情報伝達にはリアルタイム性が欠けていた。あくまで世代を経ることでしか情報が伝達されないためだ。リアルタイムでの外界への反応を可能にしたのが、6億年前に誕生した神経である。神経によって即座に外界である環境に対応したり反応したりすることが可能になった。神経が誕生して1億年経つと、神経が大量に集まって神経回路（脳）が誕生した。神経は外界への反応だけが役割だったが、神経回路が誕生して脳内での複雑な処理を実行できるようになった。私たちが脳内であれこれを考えた上で外界への対応を行えるのは、高度に発達した神経回路のおかげである。そしてホモサピエンスの脳があるレベルに達したとき、ホモサピエンスの特異的進化として道具の進化が始まる。最初身体機能の延長として始まった道具は、言語誕生という脳機能の道具化へと進展し、その後文字の誕生へと繋がる。こうして引き金が引かれた脳機能の道具化はそのまま一直線に知能全体の道具化＝ＡＩへと発展し、最も新しい生成ＡＩは今や生物や人間の科学を大きく変革しようとしている。言語からＡＩまで5万年近くかかっているが、これは生命誕生38億年のほんの一瞬でしかない。

では「生成ＡＩによりＤＮＡを核とした生命情報集約」の実例を見ていこう。２０１７年のTransformerモデル登場以来、生命科学の分野ではゲノム誕生から神経回路に至るまでの一連の情報をTransformerモデルへと集約しようとする試みがなされてきた。

具体的な例で分かりやすいのは、２０２０年にGoogleが出したAlphaFoldである（これを開発したGoogleの２人の研究者は２０２４年にノーベル化学賞を受賞した）。AlphaFoldに一次元の情報であるＤＮＡの情報（＝アミノ酸の配列）を読み込ませると、そのアミノ酸の分子の三次元構造を予測することができる。ChatGPTと同じように色々なＤＮＡの情報配列のお手本をAlphaFoldに読み込ませることで、新たなＤＮＡの情報を与えた時に、そのコンテクストを理解してＤＮＡの三次元構造を予測するのである。Transformerモデルを用いることで、アミノ酸が空間のどの位置にあるのかが分かるということが生命科学において画期的だった。AlphaFoldがもたらしたインパクトを分かりやすく伝えると、２０２０年までに構造が分かっている分子の数が40万個しかなかったのが、AlphaFold2の登場により2億個まで飛躍的に増加した。40万個から2億個へと一気に５００倍の発見がもたらされ、生命科学に大変革が起こった。

今ではさらに進化したAlphaFold3が登場している。AlphaFold2では１００程度の配列を比べることで分子進化というコンテクストを探り三次元構造を予測するにとどまっていたが、AlphaFold3では画像解析のTransformerモデルとＤＮＡ配列のTransformerモデルが組み合わされて、ＤＮＡ情報と分子構造との統合的な予測が実現している。AlphaFold3では、ＤＮＡという一次元のセンテンスから三次元の構造を予測するにとどまらず、ある分子と他の分子とを組み合わせた時の相互作用まで分かるようになってきている。具体的な例を挙げると、ある薬がどのタンパク質と反応するかまでAlphaFold3では分かるようになってきている。この結果、抗体治療というと静脈注射に限られていたが、胃酸に強いタンパク質を設計して、飲んで腸に効く抗体治療すら可能になってきた（この分子は、やはり２０２４年のノーベル化学賞を受賞したワシントン大学David Baker博士が、独自の構造予測モデルを用いて設計した）。AlphaFoldに代表されるTransformerモデルは、ＤＮＡ情報を集約のポイントにすることで、その情報に秘められたコンテクスト、すなわち分子の空間的な位置や分子同士の相互作用を理解し始めているのである。

もちろん統合の対象は細胞、個体、そして病気まで広がっていく。今まではゲノムを解析しても、そこに書かれている内容は専門家でなければ理解することが難しかった。しかし、Googleが開発したAlphaMissenseを用いれば、例えばがん患者のゲノムを解析した結果が、必ずしも専門家でない開業医でも分かるレベルで説明される。遺伝子の空間位置の予測だけでなく、空間位置から考えられる分子の機能まで予測した上で、患者の遺伝子の異常やそれに効く薬を教えてくれるのだ。「あなたのがんにはこの薬が効きます」というレベルでAlphaMissenseは遺伝子解析の結果を分かりやすく教えてくれる。

細胞は遺伝子の情報に基づいてさまざまな遺伝子の発現を量的にコントロールすることで成立している。その遺伝子の情報を一つのセンテンスとして並べて読み解くことで、一つ一つの細胞のコンテクストが浮かび上がってくる。そうすると驚くことに、特定の遺伝子がなくなった場合の細胞の変化や、細胞に山中4因子を組み込めばｉＰＳ細胞が作られるといったことまで予測できるようになっている。

現在はまだ細胞レベルの話だが、将来的にはＬＬＭ（Large Language Model：大規模言語モデル）を用いることで、細胞と細胞の相互作用まで理解されるようになり、組織や個体レベルでのシミュレーションでさえも可能になっていくだろう。ＤＮＡを情報集約のポイントに置いてTransformerモデルを利用することで、さまざまなレベルの生命現象を統合的に理解する可能性が飛躍的に高まりつつある。生命科学としての一つ目の驚きは、Transformerモデルが生命科学にもたらしている大変革への驚きである。

二つ目の驚き：自然言語を核とした情報集約

二つ目の驚きは、人間の自然言語にあらゆる情報を統合するLLMであるChatGPTが登場したことへの驚きだ。2022年にChatGPTが登場して、既に生命科学の分野に大変革をもたらしていたTransformerモデルが自然言語にも利用可能であることにまず驚いた。しかし、自然言語の性質を考え直してみたら、なるほどとすぐに納得することになった。すなわち生命科学者にとってこの発展は、言語誕生以降の人間の歴史の必然に見える。

リアルタイムでの外界への反応を可能にした神経が神経回路となって、外部の刺激と内部の処理を統合して実行できるようになった。そのニューラルネットである脳が進化して、脳機能を外化するような自然言語が誕生した。こうした背景を考えれば、自然言語を巧みに操る現在の生成AIがニューラルネット研究から始まったことは象徴的である。

ちなみに神経は海綿動物のような原始的な生物には存在せず、刺胞動物から存在するようになった新しいシステムである。神経は誕生するとすぐにネットワーク化して神経回路となった。神経回路では経験をリアルタイムに処理したり記憶したりすることが可能になる。例えば危険を避けたり、獲物を見つけて追いかけたり、そうした生物の基本的な行動は、神経回路によって可能になっている。神経回路が誕生してから、生物が進化する中で神経回路はより大きくなってきた。神経回路は大きければ大きいほど高い機能を持ち、生存に有利となるためである。

猿や人間のように高度な神経回路を持つ生物の研究をする上では、道具の研究が重要だ。道具を脳内で考えるためには、未来や目的という概念を持つ必要がある。道具は未来の特定の目的のために作られるからだ。道具を持つということは、未来や目的などの抽象的な概念が脳内で獲得されたことを示唆する。石器の発展の歴史を見れば分かるように、道具は一度登場すると次々に改良されて機能性が高まっていく。面白いことに、道具の機能性の向上は脳の容積の大きさと概ね連動してきた。脳の発達とともに身体機能の外化が進み、高度な道具が生まれてきたのである。その意味で高度な神経回路を持つ生物を理解するためには、道具の研究が大事である。

道具の究極形の一つが言語である。言語以外の道具とは異なり、言語には（音以外の）物質性がなく、情報とアルゴリズムだけで成り立っている。いわば言語は脳機能そのものを外部化した道具である。物質性に縛られない言語の特異性が、言語の道具としての自由度の高さを生み出し、言語の万能性へと繋がっている。言語は現実の事物のシンボル化として始まったが、言語が進化する中で現実には存在しない物事を記述できるようになっていった。その一つは未来である。明日のご飯のために鹿を狩りに行く、冬に備えて服を作る、といったように現実には存在しない未来の構想が言語には可能である。人間に特有の宗教や倫理といった目には見えない抽象的な観念が成立するのも、こうした言語の非物質性という性質に起因しているのだろう。

もう一つの言語の興味深い性質は、言語が一人一人の人間に一度寄生して各個人とともに展開する点だ。生まれながらに言語を習得している人はおらず、成長の過程で社会と関わることで人は言語を獲得する。そして一人の人間に寄生した言語は、その人の内部で独自に進化を遂げる。人によっては内部で極めて高度に言語が発達することもあるだろう（例えば小説家）。そうした言語は、個人の内部で留まるのではなく、再び社会の中に還元されて他者の言語との相互作用の中でさらに進化を遂げていく。もともと独立性の高い特異的な道具である言語が、ＬＬＭに集約されつつあるという事態が、今まさに起きているように感じている。

ちなみに、ホモ・サピエンスが言語という情報手段をいち早く獲得した。言語の獲得によってホモ・サピエンスとネアンデルタール人の均衡が破られ、ホモ・サピエンスが地球を支配した可能性は十分にあるだろうと考えている。

誕生からChatGPTに至るまでの言語の歴史を考えると、物理性がないために持続性を持たなかった言語が物理性を獲得したこと（文字の誕生）が、一つの画期であった。言語に物質的情報メディアが統合されたことで言語は進化してきたからだ。

粘土でできたトークンとブラは最初期の記録システムだった。トークンとブラは、古代メソポタミアを中心に数の記録に用いられていたと考えられている。その後、象形文字・楔形《くさびがた》文字が発明され、表音文字が誕生した。象形文字・楔形文字の頃は、文字は権力の象徴であり、一般の人とは無縁だった。多くの国では専門の書記だけが文字の取り扱いをしていた。しかし、使いやすい文字である表音文字が登場してからは、それまでよりも多くの人が文字を使えるようになった。ギリシャでのアルファベットや日本の万葉仮名のように、文化が拡大し継承されるシステムとして言語が発展していった。物質性を持たず、すぐに消えてしまう音でしかなかった言語が、物質性を獲得したことで持続性を得たのである。

その後の歴史の中で、言語という非物質的な情報を保存する物質的媒体が次々に登場してきた。粘土、紙、インク、印刷、デジタル言語である。特に活版印刷技術の発明によって大量の情報が物理的媒体に複製され、それまでは一部の人しかアクセスできなかった知識に多くの人がアクセスできるようになった。デジタル言語の面白さは、情報が一度に何億人にも伝えられる点で、言語の非物質性が新しい形で実現できたと言える。知識を学習できる人口が爆発的に増えたことで、さらに色々な知識が生み出され、そしてまたその知識が他者に共有されるというサイクルが誕生した。活版印刷技術が発明されてから、あっという間に科学が発達し、今日のコンピューターの発明まで辿り着いた。これまでの人類の歴史からすると本当にあっという間の出来事である。

ただし、コンピューターだけはこれまでの物質的媒体とは性質が異なるかもしれない。コンピューターは人工知能、すなわち知能全体の道具化の構想を可能にし、情報とアルゴリズムの自立性への道を開いたからだ。まさに言語の持つ新たな能力を開いた。私たちは言語を道具として扱っていて、言語をコントロールしているように考えているが、言語は人々に寄生をした上で独自の進化をするという意味で自律性を兼ね備えていると捉えることもできる。言語の自律性は、ドーキンスが『利己的な遺伝子』で示したDNAの一見自律的に見える振る舞いと似ているかもしれない。人間の利他的に見える行動は実はDNAにとっては利己的な行動であり、まるで人間がDNAに操られるかのようにDNAが自律的に振る舞っているように見えることをドーキンスは指摘した。同様に、人間ではなく言語が主人公だとしたら、言語が効率よく物質世界と結合するメディアを探し続けて、コンピューター、そしてAIに出会ったという見方ができるだろう。脳を外部化して自律的な道具として生み出すという生成AIの発想は非常に面白いと感じる。

生成AI以前のAIを用いた取り組みの例を紹介しよう。ある研究では、脊髄損傷で歩けなくなってしまった人の脊髄の外に電極を置いて、その人が歩こうとする時に流れる電気信号をＡＩに教師付きの学習としてインプットした。すると学習したＡＩは歩くために必要な電気信号を流せるようになるので、スマホのボタン一つで脊髄損傷の人が歩けるようになるという治療法が確立している。別の研究では、運動機能が失われて字が書けない人の運動野に２００〜３００個の電極を置いて、それぞれの文字を思い浮かべた時に反応する電極をＡＩに学習させた。すると、脳内で文字を思い浮かべるだけで一分間に60文字近くの文字入力が可能になった。以前のＡＩ研究では、これらの研究のようにＡＩに教師付きの学習をさせて人間の動作をＡＩが補助することが目指されることが多かった。今のChatGPTをはじめとするＬＬＭの生成ＡＩでは、これまでとは全く異なるＡＩとしての活用方法が研究されている。そして今の生成ＡＩの延長には、人間から独立した本当の意味での人工知能が生まれつつあるのではないかと科学者は考え始めている。

生成ＡＩでは、たまたま人間が生み出した言語という道具に全ての情報を集約する。これまでは教師付きで一つ一つの学習をＡＩにさせていたのに対して、今の生成ＡＩは自然言語そのものが持つ能力やコンテクストを全てＬＬＭに集約させることで言語の独立性を獲得しつつある。

それまでも人工知能の開発は進んでいたが、２０１７年のTransformerモデルの誕生によって、ＡＩブームが一過性のブームでは終わらなくなったと考えている。単に優れた学習が可能なＡＩというだけでなく、自然言語に全てを集約させることで言語を軸とした人間の進化をＡＩが再現できるかのような感さえある。これが生命科学者の二つ目の驚きである。

生成ＡＩの今後（身体情報［ＤＮＡ］と脳情報［言語］の統合）

ChatGPTではこれまでに人類が蓄積してきた自然言語のテキストを学習させただけで、かなりの知性を生み出すことができた。ＬＬＭを活用すれば、これまでの哲学論争を実験的に検証できるようになってきていると思っている。例えば、人の心は生まれた時はタブララサ（＝白紙状態）で生得的な観念は持たず、経験によって観念を獲得すると主張したヒュームの経験論と、それに対して経験から独立して持つ絶対理性として空間・時間といった先験的な観念の存在を指摘したカントの批判という哲学論争が、ＬＬＭを用いた実験で検証できるのではないかと考えている。

さらにＬＬＭにおいて注目すべきは、自然言語だけでなく画像や音声といった様々な情報を全て統合して自然言語に集約した上で処理を行うマルチモーダルＡＩが実用化されつつあることだ。

特に医療分野でのＡＩの発展を見ることで、今のＡＩの進展の度合いがよく理解できる。医療分野では、ＤＮＡを核としてTransformerモデルを用いる身体面と、自然言語を核としてTransformerモデルを用いる精神面との両面からＡＩを活用しているためだ。最終的に自然言語が集約ポイントとなるＬＬＭができれば、心身両面から人間全体を捉えることができるようになるだろう。

医療の世界では、非常に優れたＡＩ搭載のチャット・ボットが登場している。チャット・ボットと内科医の患者への対応を比較した研究によると、既に医者の説明よりもチャット・ボットの説明の方が分かりやすい。それだけでなく、チャット・ボットの方が寄り添ってくれているように患者が感じている。また、Googleが開発しているMed-PaLMという医療分野のＬＬＭは、アメリカの医師国家試験で85点を取れるレベルに到達しており、専門家に匹敵してきている。あらゆる生物学的な情報が自然言語と統合されることがTransformer

モデルの凄さであり、これから医療の専門的知識が一般に解放されていくだろう。

自然言語処理だけでなく画像解析の研究も進んでいる。Transformerモデルを用いたＡＩにレントゲンの画像を大量に読み込ませて、ＡＩが自律的に判断して画像診断を行えるようにするという試みがある。多くの病院が持つ画像データをトークンとして自然言語情報に統合するというプロジェクトがスタンフォード大学では進行していて、ＧＭＡＩというモデルが開発されている。こうしたＡＩが発展していくと、レントゲンの画像、ＤＮＡ情報、心電図、ヘルスレポートといった様々なデータを自然言語に集約することができるようになるだろう。一人一人の患者の医療情報だけでなく自然言語情報まで含めたあらゆる情報が統合されていくことになる。患者の検査データをもとに治療方法の提案をＡＩがした上で、医者がＡＩと対話しながら間違いのない治療を行うことを目指す研究が、スタンフォード大学のプロジェクトでは試みられている。

医療に限らず他の領域でも人間の情報が様々なかたちで統合されていくだろうと思う。シンギュラリティー、ＡＧＩ、ＡＳＩと色々な呼び方でＡＩの発展形が語られているが、生物学者の目から見れば、独立した知性を持った非生命システムの誕生がＡＩの核心にある。一度そうした自律的なシステムが誕生したら、そのシステムが果たして人間の道具のままでいるのかどうかさえ分からない。それほどの深いインパクトをもたらしうるのが、現在開発が進んでいるＡＩだとイメージしている。

特に生命科学の分野からこれらの進展を見ると、これからのＡＩ研究において重要になると私が考えているのは、ＬＬＭと人間の脳の比較研究である。というのもＬＬＭも脳も自然言語に繋がるが、脳だけが実際の身体情報（ＤＮＡ）とも繋がるからだ。独立した知性であるＡＩを人間の脳と比較して両者の機能を明らかにする地道な研究が必要になってくるだろう。

既にそうした研究も出てきている。ある研究では子供の体験をまっさらのＡＩに経験させている。ＬＬＭに人間の経験を移行させることによって、人間の脳の学習プロセスを明らかにしようとしているのだ。その研究では、赤ちゃんの頭にカメラとマイクを付けることで、その赤ちゃんが見た映像と周りの大人が話しかけた音声を同時に記録している。その映像と音声をTransformerモデルのＡＩにインプットすることで、まっさらなＡＩに赤ちゃんの経験を学習させることができる。ＡＩが学習した内容を紐解いてみると、例えば「砂場」と「地面」といった近接性のある単語群については、ＡＩも近接性が高い単語群だと理解していることが明らかになる。さらに、「砂場」と「地面」という単語がそれぞれどのような場面で使われたか、その時に赤ちゃんの視線はどこにあったかを後から映像で確認することもできる。人間の頭の中を直接調べることは難しいが、人間が経験したことをＬＬＭに経験させることで、人間の脳の中身を間接的に調べることが可能になってきているのだ。映像と音声をインプットとして統合的に処理するマルチモーダルＡＩを用いた研究はこれから続々と出てくると思う。

人間の脳とChatGPTが同様の処理を行っていることを示唆する研究は他にも出てきている。ChatGPTのベースにある仕組みの一つは、ある単語に続く次の単語を確率的に予想することによって、自然言語のインプットに対して自然言語のアウトプットを出すという仕組みである。ある研究では、人間の脳に電極を置いて、単語の音声を聞かせた時と単語を思い浮かべた時の脳の反応を記録した上で、改めて人間にある文章を聞かせている。するとある単語を聞いた人間の脳は、ChatGPTと同様にその単語に続く単語を考えていることが脳の反応から明らかになっている。人間の脳とChatGPTが同じように言語を処理していることが分かり始めているのだ。人間の脳内でも文法のようなルールは意識されておらず、ある単語に続く単語を考えているにすぎないという非常に意義深い発見がなされているのである。文法を習って理解した大人であっても、文法を意識せずに単語の連続として文章を考えている。ひょっとしたら人間の脳での言語処理もＬＬＭと同じようになされているのかもしれない。

ちなみにこの研究で用いられているのはGPT-2である。ChatGPTやGPT-4は内部の複雑性が高すぎて、研究室に普通に置いてあるようなコンピューターでは内部を解析しきれないためだ。GPT-2のニューラルネットで用いられるパラメータ数が15億個なのに対して、ChatGPTだと１７５０億個になる。学習データの量もGPT-2では40ＧＢのテキストだったのが、ChatGPTでは５７０ＧＢのテキストになっている。面白いのは、神経が集まって神経回路（脳）になったことで人間の知性が誕生したのと同じように、ニューラルネットのパラメータ数を増やしたら生成ＡＩもたまたまうまくいって、知性的な振る舞いを見せ始めたことである。根本的な原理は明らかになっていないが、人間の脳も生成ＡＩも、ネットワーク化によって誕生した。

他の研究では、ある単語を聞いた時やイメージした時の脳の反応をfMRIで記録して、そのパターンをＡＩに学習させ、脳で何かをイメージした時の脳の反応パターンをＡＩに読み取らせている。先ほどの研究で脳の反応を記録するのに用いた電極と比べると、この研究で用いているfMRIは、反応のリアルタイム性や解像度の面でかなり劣っている。しかも、この研究では最も初期のモデルGPT-1を用いている。それでもＡＩが読み取った脳の反応パターンから出てくる単語や文章の正誤をＡＩに教え込んでファインチューニングをすることで、ある画像を見た時の脳の反応から、その人が思い浮かべる文章や単語をそれなりの精度で予測できることが示されている。これまでのＬＬＭ開発では、利便性を高めるために大量のテキストを読み込ませていたが、まっさらなＧＰＵに文章を少しずつ覚えさせていくことで、ＬＬＭの内部でどのように言語が処理されているかが分かるようになってきている。

こうした研究をはじめとして、ＬＬＭと人間の脳の比較研究はこれからも盛んに行われていくだろう。その場合には、GPT-4のような大きなモデルばかりでなく、よりパラメータの少ないＬＬＭを使う利点もあると思われる。単純なモデルを通して得られた知見によって、さらに優れた大きなモデルを生み出すサイクルが生まれると予想している。ＬＬＭを人間の言語脳のデコーダーとして用いて脳の仕組みに迫ったり、逆に脳の機能を持たせるようにＬＬＭを発展させたりといった双方向の比較研究が行われていくだろう。

今はChatGPT-4のような大規模なＡＩの研究が中心だが、将来的には個人の体験がＧＰＵに取り込まれるようになるのではないかと思う。日々の個人体験を記録するためのＧＰＵを携えて、人々が自分のアバターを持って生きる未来が訪れるかもしれない。運動会で親が子供の運動する様子をカメラで録画するように、あらゆる自分の体験を記録した分散化したＡＩを個人が持つような時代が訪れたら、また面白いことが起きてくると思っている。

大規模で高性能なＡＩを作り出して独立した知性を生み出す研究も重要だが、自律性を持つＡＩをコントロールする方策を見出すことも、これからのＡＩ研究では重要だと考えている。そのためには脳とＬＬＭの比較研究をすることが欠かせないだろう。ＡＩが人間の道具のままでとどまるのかどうかさえ分からない今、そうした研究を進める必要があると感じている。

いずれにせよ、生命誕生から38億年目にして、生命とは全く別の独立した知性を持つシステムが地球に誕生する新しい創発の可能性が高まっていることだけは間違いない。

日本科学の未来

私は2013年の65歳の時に全ての公職から退いた。隠居してからは、日本の科学の将来がどうあるべきかを大所高所から考える機会はあまりなかったが、改めて日本の科学や生命科学者の育成について考えてみたい。他の分野と同様に、生命科学の分野でも日本のレベルは落ちてきている。特に2010年頃からレベルの低下が顕著である。

これまでに説明してきたように、Transformer/Attentionモデルが躍進して、DNAから言語まで扱えるようになったことで、人間についての研究が多様化して広がりつつある。従来とは異なる新たな研究が可能になった今、若手研究者を育成して、人間の研究を進めることが大事になってくる。

アメリカの哲学者であるダニエル・C・デネット、トマス・ネーゲル、ジョン・サールらは、哲学と人間の脳の働きを両面から見据えて研究や議論をしてきた。日本の哲学研究者と話す機会もあるが、日本では哲学の問題と脳の問題を一緒に考える哲学者はあまりいない。哲学を研究する人が、哲学を脳の問題としても捉えるようになったら面白い研究が生まれると思う。どうも日本では、生命科学分野に限らず、学際的な研究が行われづらいようである。

ドイツでは学際的な研究が進んでいる。特にマックス・プランク研究所では、学際的な研究が生まれるようにプランニングをしている。例えば、ライプツィヒにあるマックス・プランク進化人類学研究所では、考古学、ゲノム、サル学などの異なる研究分野の研究者が集まっている。2013年、フランクフルトに設立されたマックス・プランク経験美学研究所にも、文学、言語、音楽、脳科学などの多様な分野の専門家がいる。同じ研究所にいるからといって、各分野の専門家同士がすぐに真のコラボレーションをすることは難しいだろうが、一緒にお昼ご飯を食べながら会話を交わすことで、お互いの研究に影響し合える環境が整えられている。

2000年に政府のミレニアム・プロジェクトの一つとして、理研のCDB（Center for Developmental Biology：多細胞システム形成研究センター）を構想した。なるべくinterdisciplinary（学際的）な研究所を作ろうとしたが、同時期に作られたマックス・プランク進化人類学研究所には匹敵できなかった。これからは国のレベルで、学際性を重視した研究の在り方を考えなければならないと思う。

日本の文部科学省は、文部省と科学技術庁が統合されて誕生した。かつての名残で縦割り行政が残っており、国のレベルでの全体像を描きづらい状況がある。しかし、これからの人間の研究では、とにかく様々な分野の人が混ざる必要がある。例えば、日本でのＡＩ研究を進めていく際には、ＡＩの専門家だけでなく脳研究の専門家も一緒に研究できる体制の構築が必要だ。

まだ私の世代でも現役の研究者はいるが、その世代が将来の日本の科学の在り方を構想できるのかどうかを真剣に反省する必要があるだろう。

日本では、研究者がノーベル賞をもらったら、その業績を記念した研究所ができる。山中伸弥さんのケースでは、論文が公表されてから7～8年程度でノーベル賞を受賞したので、ほとんどリアルタイムで山中さんの研究所が作られた。こうしたケースなら大きな問題はない。しかし、多くのケースでは、論文を発表してから長い年月が経ってからノーベル賞が与えられたのを機に研究所が作られた。科学の発展のスピードを考えたら、いくらノーベル賞記念でもそのような研究所が本当に新しい領域を作れるのか議論すべきだろう。将来の日本の科学の在り方や新しい研究所を構想する時に、構想を任せる研究者を今までの業績だけで選ぶことは、正しいやり方ではない。あるところにお金が使われたら、別のところではお金が使われないのだから、より大きなレベルで将来の構想を組み立てる必要がある。

日本ではムーンショット計画などトップダウンのプロジェクトが進んでいるが、大きな構想を打ち出す研究のプランニングを行える人が出てきていないように感じている。もし現役世代が日本の科学の将来を構想できないとしたら、どうするべきなのか。私もまだ有効なアイディアが見つかっていない。

私たちの世代の最大の反省は、大学の法人化を進めたことだと考えている。大学の法人化が進んだ背景には、少子化による大学の定員削減を大学側が呑むか否かが行政から問われていたことがあった。当時の文部大臣だった有馬朗人《あきと》先生は、研究者出身で政治基盤が弱かったこともあって、当時の太田誠一総務庁長官に押し切られる形で、大学の法人化を呑むことになった。また、最終的に法人化の舵を切ったのは小泉内閣だったことも忘れてはならない。

それでも最初の大学法人化案を作成する時には、十分な議論がなされていて、大学に独自性を持たせることがポイントとされていた。大学が独立性を持って、親方日の丸的な行政の支配から脱却することが法人化によって目指された。ところが、実際に大学が法人化されて、蓋を開けてみたら、文部科学省の大学への支配が余計に強まってしまった。

なぜ支配が強まったのかと言えば、行政から大学に配られるお金を巡って、大学同士が競争させられる構造が生み出されたためだ。最近の10兆円大学ファンドは象徴的な事例である。10兆円大学ファンドでは、政府が拠出した10兆円のファンドの運用益が、行政に国際卓越研究大学と認定された大学へと配られる。先日、支援第1号として、東北大学が選ばれた。行政からの支援を得るために、大学側は将来の構想を提出することになるが、審査に通るかどうかは最終的には文部科学省が決定権を持っている。この構造はあまり有効ではないと思っている。もし10兆円もお金があるなら、そのお金を2兆円ずつ複数の場所に配った上で、大学に自由にまかせる方が研究の発展には寄与する。法人化以来、文部科学省による支配が強まって大学の自由がどんどんなくなってきている。

かつては大学内で予算の概算要求を検討していた。そのため、例えば文学部のアイディアが優れていれば、大学として文学部のアイディアを優先して予算を組み立てて概算要求をすることができた。その仕組みがあったので、大学の内部でどのアイディアが優れているのかを真剣に議論していた。私が京都大学に在籍している時には、再生医科学研究所と人間健康科学科を作った。大学内の新組織の設立は、かつては大学で構想してから文部科学省へ提案をして、文部科学省が認可を出す構図だった。

ところが今は逆になっている。文部科学省が世界拠点になる大学を作るとの目標を掲げ、その目標に向けて各大学が競争させられている構図になっているからだ。このままでは、将来を構想する能力が大学から失われていくだろう。この先の大学は、文部科学省からぶら下げられた人参を追いかけるだけの存在になりかねない。これは由々しき事態である。法人化を進めた結果として、目標としていた大学の独立性は担保されず、かえって行政の支配を強める結果になってしまった。こうした背景があって、どこで日本の科学の将来の構想をすればよいのかが私には分からない。大学の法人化を許してしまったことが、私の世代の反省点だ。大学法人化を大学独立のきっかけにできなかったことで現在の諸問題が生まれてきているように感じている。

若手研究者の育成

若い優れた研究者をどのように育成すべきだろうか。民間の研究助成の審査には今も関わっているが、若手研究者の中には優れた研究者も存在している。優れた若手研究者には、さまざまな障害を乗り越える馬力がある。しかし、日本の科学の地盤沈下の最大の問題点は、研究する上でのさまざまな障害が高すぎることにある。そうした障害を乗り越えずとも、研究者が研究に専念できて優秀な業績を残せるように、研究環境を整える必要がある。優秀だが障害を乗り越えるほどの馬力はない研究者でも活躍できるようにして、優秀な研究者のボリュームを増やしていかないと、国全体としての科学技術の発展は望めない。

とにかく、文部科学省の大学への支配を弱めることが重要だと思っている。国全体としての科学への研究資金の拠出を増やすだけでなく、文部科学省が大学の研究を支配する構図を見直して、大学の独立性を高めていかないといけない。日本のグラント（競争的資金）

の出し先を見ていると、新しい構想がなかなか生まれてきていないように感じている。

ただ、今の大学の自由裁量を強化した場合に、大学の執行部に新たな構想を打ち出す能力があるかどうかはまた難しい問題ではある。今の大学はぶら下げられた人参を追いかけるばかりになってしまっているからだ。昔の大学に存在した構想力が失われてきている中で、構想を組み立てる役割を担える組織がなかなか見当たらない。

こうした構造的問題を抱えている中で、唯一有効だと思えるのは、若い人を外国へ留学させることである。近年、色々なスポーツで活躍している日本の選手は、国外で経験を積んでいることが多い。日本の科学は停滞しているのに対して、日本のスポーツ選手が世界で活躍できているのは、日本人にgenetical（遺伝子的）な多様性が生まれていることだけでなく、国外での経験によって成長しているからだろう。新しいアイディアを構想している国は海外にはあるのだから、大学教育の段階で若い人が海外へ行くことが有効だと思う。お金持ちの家の子供でなくても、アメリカの大学に留学できるように支援することも一案だろう。

文化大革命前の鄧小平は、同じような取り組みを行った。鄧小平は権力闘争で敗れて復活するたびに、教育分野に携わって政策を実行した。中国がまだ貧しかった時代に、鄧小平は多くの若者をアメリカの大学へ留学させた。それが今の中国の土台になっていることは確かである。今でもたくさんの中国人がアメリカに残っているが、留学後に学生が中国に帰らないことも想定しながら、それでも若者を留学させたのだ。留学をさせることが、結局は一番安上がりな方法だろうと思う。

その間に、日本のこれまでの大学の在り方を深く反省して、新しい構想を組み立てていく必要がある。誰が構想を打ち出せるのかはまだ分からないが、もしかしたら海外へ留学していた若者が日本に帰国して、新たな構想を打ち出してくれるかもしれない。

大学以前の教育の在り方も見直さなければならない。あらゆる学問に大きなインパクトを持つ生成ＡＩの誕生は新しい教育を構想する良いきっかけになるだろう。もう知識を詰め込むだけではChatGPTには敵わない。知識を自由に使える環境を前提としながら、一人一人の個性を伸ばせる教育の在り方を模索する必要がある。そうした新しい教育で育った若い世代が海外へ羽ばたいて優秀な研究者に育ってくれることを期待する他ないと思っている。

第Ⅲ章

わが国の今とこれからの方向性
～経済からのスコープ～

波頭 亮

波頭 亮［はとう・りょう］

東京大学経済学部（マクロ経済理論及び経営戦略論専攻）卒業。マッキンゼーを経て独立。戦略系コンサルティングの第一人者として活躍を続ける一方、明快で斬新なビジョンを提起するソシオエコノミストとしても注目されている。主な著書に『経営戦略概論』、『思考・論理・分析』（ともに、産業能率大学出版部）、『プロフェッショナル原論』、『成熟日本への進路』（ともに、ちくま新書）などがある。２００７年より「日本構想フォーラム」主宰。

本章では、主に経済のスコープから見たわが国のこれからについて示していく。世の中を大きく変える力を持ったテクノロジーは、例えば農耕にしても、内燃機関や電力にしても、まず生産様式を変えるところから変化を起こし、その生産様式の変化に応じた働き方や生活スタイルに変化を波及させていく。更には社会の権力構造や社会運営のしくみも変化させ、ついにはものごとの善悪や正義不正義といった価値観まで変化させていく。この社会変革のプロセスが示すように、技術革新によってまず大きな変化が生じるのは生産様式に関係する働き方や財貨の生産・流通等といった経済のあり方なので、これからＡＩによってもたらされる変化と新しい時代のあり様を理解するために経済のスコープからアプローチするというのは妥当であろう。

各論の最初に経済のスコープからの見通しを示すべきもう一つの理由を挙げておこう。

今の日本の経済は、未曾有の不調にある。

「失われた30年」という言葉を聞くことも珍しくないが、わが国は１９９０年代から現在に至るまで、ほぼゼロ成長である（日本国民のこの間の所得平均の伸び率はマイナス０・６％、所得平均額は１９９５年の４５８・２万円から２０２３年の４５５・３万円へと約３万円のマイナスである）。

国連加盟国は193ヵ国あるが、経済成長率の順位をつけられるデータが揃っているのは180ヵ国弱。その中で日本は170位くらいである（2022年調査）。この30年間で日本と同程度の経済成長しか果たしていない国と言えば、リビア、シリア、ソマリア、スーダンなど内戦が続いている国々ばかりである。日本は内戦国家と同じような経済の不調が続いてきたのだ。

したがって、これからの日本を見通す上でこのような異常状態に陥っている日本経済の現在のあり様について理解しておくことが必要であろう。

本章ではまず日本経済の現状がどのような状態なのかをデータを用いて示した後で、そうした現状を招いたこの30年間の日本の経済政策の問題点を指摘する。その上で、そうした問題点に対応するための施策と方針を示していく。そしてこれからの30〜50年にＡＩがもたらすであろう働き方や日常生活、社会構造や価値観について変化の見通しを提示する。

第Ⅰ節：わが国の現状

①失われた30年を示すデータ

まず、わが国の経済の現状を具体的に見ていこう。

冷戦構造の終焉を経て、世界的に経済活動が活発化してきたこの30年間の世界各国のGDPの推移を見ると、ほぼ全ての国が経済成長を遂げている。そうした世界経済の中で日本だけが全く成長していない。

具体的にデータで示そう。

この約30年の間（1995～2021年）の世界全体GDPの平均成長率が4・4％／年であるのに対して、日本はマイナス0・4％／年である。

先進国の集まりであるOECD諸国の平均成長率が3・2％／年。

平均成長率は年ごとの複利で利いてくる。この30年間でOECD諸国のGDPが約2・3倍になったのに対し、日本は約0・9倍に縮小した。隣国韓国は1997年にIMF（国際通貨基金）の介入があったほどの経済危機に見舞われたにもかかわらず、この30年間で約3倍に成長した。

この期間は、インターネットが新しい産業を生み、東西諸国の経済交流が活発化し、それまで発展途上のステージにいた国々が高度経済成長のステージに移った世界経済発展の時代である。世界中のほぼ全ての国が成長を謳歌したこの30年の間にマイナス成長というのは明らかに異常と言える状態なのだ。

では国民一人一人の所得や生活はどうかと言うと、こちらも同様である。

一人当たりGDPは2021年で3万9882ドルと平均4万4459ドルのOECD加盟国の38ヵ国中20位。約30年前の1995年には日本は3位であったのに、2021年には20位まで坂を滑り落ちるように凋落してしまっている。30年前には韓国の一人当たりGDPは日本の3分の1程度であったのに現在では日本とほぼ同じ水準に達している。また一人当たりGDPの平均成長率（1995〜2021年）はOECDの中で日本が一番低くマイナス0・4％／年。次に低いのが2009年に財政破綻したギリシャであるが、そのギリシャも30年間で見れば1・7％／年とプラス成長である。

国民の生活に直結する具体的な所得の金額で見ても1995年には4万2632ドルだったのが、2023年には4万2118ドルと微減（約0・99倍）となっている。この間、日本以外の全てのOECD諸国は順調に所得を伸ばしている中で日本だけが下がっている。

一方でこの間、消費税率は3％から10％へと上がり、社会保険料も約33％増えた。この30年の間、収入は下がり、負担ばかりが増えたというのが今の日本人の生活の実態である。

GDPや所得といった基本的な統計データだけを見ても日本経済の衰退が著しいことは明らかであるが、日本は経済力だけではなく国力が全面的に落ちてきてしまっていることを示すデータもある。

IMD（国際経営開発研究所）の世界競争力ランキングは、各国の競争力を、①経済パフォーマンス、②政府の効率性、③ビジネスの効率性、④インフラ、の四つのカテゴリーからなる20の項目でスコア付けしている。そのランキングでは、1995年に4位だった日本の順位は2024年では67カ国中38位になっており、過去最低を更新している。

日本企業の競争力も低落してきている。1989年の世界時価総額ランキングの上位50社のうち、32社が日本企業だった。だが、2024年時点では上位50社にランクインした日本企業はトヨタ自動車（39位）のみとなってしまっている。経済力を形成する主力のプレイヤーである日本企業を見ても、１９８０年代に「ジャパン　アズ　ナンバーワン」と言われたかつての勢いはまるで失われてしまっているのだ。

これらのデータを見れば、日本がこの30年間で全面的に大きく衰退してしまったことがうかがい知れる。２０１０年には、中国にＧＤＰで抜かれたというニュースが話題になった。一人当たりＧＤＰでも韓国や台湾に追い抜かれた。経済成長の伸びしろが大きかった中国や韓国に抜かれてしまうだけではない。成熟国家である他の先進国と比べても日本だけが一人ぽつんと取り残されてしまって、日本だけが一人負けの状態である。これが「失われた30年」の現実である。

②経済成長の方程式と照らして

それでは、なぜこうした経済の不調に陥ってしまったのかについて少し説明を加えておこう。

経済成長に関する簡単な方程式がある。

経済成長 ＝ ❶資本増加率 ＋ ❷労働増加率 ＋ ❸技術進歩率

つまり、経済成長は❶「経済活動に投入された資本がどれくらい増加したか」と❷「労働量がどれくらい増加したか」と❸「テクノロジーや人材の知識・スキルがどれくらい向上したか」によって決まる、という方程式である。

農業で例えると「田畑をクワを使って人手で耕していたところにお金を投資して耕運機を買って農作業すれば収穫量が増える（❶資本増加）」＋「父親と母親の二人で農作業していたところに息子二人が手伝うようになり四人で働くようになれば収穫量が増える（❷労働増加）」＋「それまで栽培していた品種に変えて単位面積当たりの収穫量の多い品種を育てると収穫量が増える（❸技術進歩）」ということを表している。この説明で明らかなように、この方程式が示すことはとてもシンプルで分かり易い。数学で言えばピタゴラスの定理にあたるくらいの基本的な方程式である。

経済を成長させようとするならば、この成長方程式に当てはまる経済政策を展開すればよい。つまり、❶経済活動に投入される資本を増やすこと、❷労働量（労働者数と労働時間）を増やすこと、❸技術レベル（テクノロジーや労働者の知識・スキル）を上げること、の三つをやれば経済は成長する。

では、この3点に適う経済政策がとられてきたかと言うと、残念ながら❶、❷、❸の全てでノーである。

まず第一のファクター「資本増加」について見てみると、経済活動への資金の投入量を表す設備投資額は、1990年代から現在までほとんど増えていない。1990年代の日本の全産業による設備投資額は40兆円台だったが、2010年代前半までには30兆円台に落ち、近年は回復してきたとは言え1990年代並みの40兆円台に留まっている。

経済を活性化させるための資金投入量を示す指標はもう一つある。対内直接投資である。対内直接投資とは、ある国に対する外国からの資金の投資である。この対内直接投資残高の対GDP比が日本は2023年に6％とOECD38ヵ国中最下位。下から二番目37位のトルコですら14％なので、日本経済への投資の低迷ぶりは良くない意味で傑出している（なお、このデータ公表がされている198の国・地域の中で見ても日本は195位と下から四番目である)。

つまりこの30年間、日本企業は投資を怠り、世界からも見放されてきたのである。

次に第二のファクターである「労働増加」については、日本は構造的に不利な要因を抱えている。それは少子高齢化である。労働人口のコアを形成する15歳～64歳の生産年齢人口を見ると1995年8716万人をピークに2023年7396万人へと約15％も減少しており、今後も減少傾向が続く。更に2019年からの働き方改革によって残業を抑制したために国家全体の総労働時間は抑えられ、経済成長の第二のファクターである労働増加率はマイナスである。ちなみに、働き方改革関連法案が可決された2018年の日本の年間労働時間は1680時間である。その時点でのOECD諸国は、韓国1993時間、アメリカ1826時間、イタリア1719時間、カナダ1702時間と日本の労働時間は決して多い方ではない。OECD平均が1775時間なので、その時点で日本人の年間労働時間は平均より100時間近くも少ないのである。労働人口が長期トレンドで減少していくことが見えているのに労働時間を更に抑制する政策を導入したのは国民経済の成長に対しては明らかにマイナスの要因になっている。

三つ目のファクターである「技術進歩」はというと、天然資源に恵まれない日本は手厚い教育と勤勉さで高い技術を開発し、成長を遂げてきた経済モデルであった。

この技術に関する強みも今は失われてきている。

テクノロジーや人材の能力レベルが最も如実に表れるのが労働生産性である。同じテクノロジーや設備機械を使っても携わる人材の能力レベルが高くなるほどより多くの成果を出せるし、同じ能力の人材が働く場合でも設備や生産プロセスのテクノロジーレベルが高くなるほどより多くの成果を出せる。

経済活動のテクノロジーと人材能力の両面から成る総合的な技術レベルを表す労働生産性で見ると、日本の時間当たり労働生産性は2022年OECD38ヵ国中30位（労働者一人当たりの労働生産性は31位）とかなり低い順位である。しかも1970年代以降から2018年頃までは、ほぼ20位程度で安定していたのだが、為替が円安に振れた影響があるとはいえ2022年には30位にまで落ちてしまっている。

高度なテクノロジーと高いレベルの人材輩出の母胎となる学術・アカデミアの競争力も落ちてきている。世界をリードするような重要な論文数のランキング（Top10％補正論文数・

分数カウント）は、1995年～1997年平均は4位であったのに対し、その後徐々に順位を落とし2020年～2022年平均では13位にまで後退してしまった。

更に技術開発やアカデミアの競争力を高めるための基盤となるのが教育への投資であるが、国家としての教育投資が諸外国と比べて見劣りしている。公的教育費の対GDP比を見てみると、2021年のOECD平均が5・05%であるのに対して、日本は3・46%とかなり低く、OECD中の順位は35位である。

また政策的意志がより反映される政府支出の中で公的教育費が占める比率では、OECD平均が11・17%であるのに対して日本は7・43%と、これもまた少ない。技術進歩を促進していくための教育の投資も不十分な状態が続いてきているのだ。

以上のように、経済を成長させるために必要な資本、労働、技術という三つのファクターの全てにおいて経済成長を実現させ得るような手立てが取られていないことが見てとれる。

こうした実態は、投資を促進する税制や産業政策、労働の質と量を拡大するための労働政策や諸制度、技術レベルを上げるための支援や教育の強化という政策を取ってこなかったということでもある。

　こうして見ると失われた30年というのは、積極的意図によってとは言わないまでも、経済成長に繋がらない政策を取り続けてきたことによって引き起こされた必然的帰結であって、日本という国家と日本企業が選択してきた結果だと言わざるを得ない。

③どのような経済政策だったのか、どのような経営戦略だったのか

　それではこの間、日本政府は国家としてどのような政策を行い、日本企業はどのような経営戦略を展開してきたのだろうか。

　日本以外の成熟国はこの間も着実に成長を遂げているし、深刻な経済危機に見舞われた国も危機を克服して成長している。なぜ日本だけがこうも経済成長から外れてしまったのだろうか。

　よく挙げられる日本ならではの要因が、人口減少と少子高齢化である。ただし、日本と同等の人口動態や出生率の問題を抱えている国は他にもある。例えばイタリアの人口増加

率は1990年代にはほぼゼロ成長で、2020年代にはマイナス0・3%〜0・5%と日本よりも低くなっている。2022年の合計特殊出生率を見ても日本は1・26（212の国・地域の中で199位）と低いが、イタリア1・24、中国1・18、スペイン1・16、シンガポール1・04、台湾0・87、韓国0・78などは日本より深刻な少子化が進んでいるにもかかわらず、日本以外の国は先に述べたように着実に経済成長を達成しているのだ。

こうした現実を見ると、日本経済の不調は人口減少、少子高齢化だけが原因ではないことが分かる。この間に取ってきた国の経済政策や企業の経営戦略にこそ本当の要因があると推察できる。

日本経済の不調の原因と見なされる要因を国が取ってきた経済政策と日本企業が展開してきた経営戦略に分けて、それぞれ示していこう。

i　国としての経済政策‥消費税と法人税

この間に日本政府が一貫してやり続けてきた経済政策を一言で言うと、法人税減税と消費税増税による財政構造の転換である。

１９８９年に40％だった法人税率を徐々に23・２％に下げて、一方で３％だった消費税率を10％にまで上げてきた。この財政構造の転換によって１９９５年まで消費税収は法人税収の半分以下だったのに対して、２０２３年には消費税収23・１兆円が法人税収15・９兆円の約１・５倍にもなっている。この間、国民の所得は減少傾向が続いているのにもかかわらず、である。

消費税の増税だけでなく、社会保険料もこの30年で約３割上がっており、所得が減少する中で消費税と社会保険料は増える一方というのが国民の置かれている状況である。実際、税金と社会保険料を合わせた国民負担率も１９９５年の35・７％から２０２４年見通しでは45・１％と約10％上がってきている。

消費税と社会保険料を上げて国民の可処分所得が抑えられるとＧＤＰを構成する最大の項目である消費が増えないため、当然ながら経済は成長しない。それどころか国民負担率が10％上がったということは所得の手取りが10％下がったということになるわけだから、実質的には消費の主体を成す中間層の一部が貧困層にクラスダウンしていくことになる。

国民経済を成長させていく最も重要なポイントは中間層を育てていくことにある。高度経済成長フェーズにある国は、中間層が順調に育っていくことによって消費が拡大し、その消費を満たすために産業が発展して国民経済の成長・発展が実現するのだ。逆に中間層がごく一部の富裕層と大多数の貧困層に解体され、格差が広がってしまうと国民経済は沈滞し成長はできなくなる。

法人税を下げて企業の活力を増し、サプライサイド（供給側、企業側）から国民経済を活性化させようとしたこの政策は、GDPの最大項目である消費を抑制してディマンドサイド（需要側、消費者側）の活力を奪い、成長をストップさせてしまったのだ。

ii　日本企業の経営戦略‥賃金抑制と配当

それでは、国によって法人税率を下げてもらい優遇を受けてきた日本企業はどのような経営戦略を取ってきたのか。

国民の所得は増えず、税や社会保険料の負担ばかりが増してきたのに対して、この間の法人の業績は好調で利益額は拡大傾向を続けてきた。

法人の利益額は、1995年の約26兆円から2023年の約107兆円と約4倍になっている。この28年間のうち12回も史上最高益を達成しているのだ。

その意味では国による企業優遇策の恩恵を十分に享受して立派な成果を達成したように見える。しかし国民経済的な観点からは重大な問題行動を取ってきたことを指摘しておかなければならない。

重大な問題行動とは二つある。

一つは、どのようにして利益を絞り出したのか。もう一つは利益をどのように使ってきたかである。

まず日本企業はどのようにして利益を拡大させてきたのかを示そう。

この30年間、日本のGDPは増えていない。すなわち日本企業が生み出した付加価値額のトータルは増えていないということになる。つまり企業全体も日本のGDPと同様に成長していないわけである。それにもかかわらず何度も史上最高益を達成できたのは、コストの圧縮＝賃金の抑制による。長い間、賃上げをストップし、正社員を非常勤職員に換えて賃金を圧縮して利益の源泉としてきたのだ。企業が儲けても賃金として従業員＝国民に還元しなかったので国民の所得は増えず消費が沈滞し、30年間続いてきたデフレの要因になったのだ。

では次に、企業はその利益をどのように使ってきたのか。

企業の生産性向上や競争力強化のために設備投資を増やしてこなかったことは先に示した。企業は利益を配当の拡大に振り向けてきたのだ。

この30年の間で企業の利益額は約4倍に伸びたのだが、この間に配当額は１９９５年の4・１兆円から２０２３年35・７兆円へと約８・７倍にも増加している。利益の伸びの２倍のペースで配当を増やしてきたのだ。ちなみに２０２３年の35・７兆円という配当総額は、消費税総額の約23・１兆円の１・５倍以上の莫大な額である。国民が負担する消費税の１・５倍以上もの金額を、企業は株式の保有層、すなわち富裕層や他の法人に配当として支払っているのだ。しかも配当金のうち、約３割は外国人株主に渡っている。

要するに、労働者の賃金を抑えて上げた利益の多くの部分を、企業は労働者への再分配や国内への投資に用いることなく、外国の株主に上納し続けているという、まるで植民地経済のような構図になっているのだ。

国はこの30年間、消費税と社会保険料を上げて国民の可処分所得を抑えてきた。企業は賃金を圧縮して利益を増大させながら設備投資・R&D（研究開発）投資を抑えて配当にばかり回してきた。これが「これまでの日本がやってきたこと」の総括である。これでは成長の方程式を持ち出すまでもなく、国民経済が成長するはずがないのは明らかであろう。

④国民はこの政策を望んできたのか

現在の日本経済の不調は政策的選択によって必然的にもたらされたことを示したが、では我々国民は、こうした経済政策を望んできたのだろうか。

失われた30年を生み出した数々の経済政策は、国民（消費者/労働者）にとってマイナスでしかなかったことは、前項までに見た通りである。誰も自分にマイナスになるような政策は望まないはずなのに、それでも国民の大多数にとってマイナスとなる政策が継続的に続いてきたのは一体なぜなのだろうか。

ある一つの政策が施行されたことによって、どのようなことが起きたかを国民が正しく認識していれば、先に述べてきたような状況に対して危機感を持つ人が現れて、現状を打破する方向に動いたはずである。しかし、実際にはそうはならなかった。この背景には日本の報道が大きく関係していると考えられる。

2024年の報道の自由度ランキングで日本は70位だった。この順位は、日本では自由な報道が行われていないということを示している。つまり、国民は現実を正しく判断するために必要不可欠な情報を知らされていないということだ。

一方、同ランキングの上位国はというと北欧4ヵ国である。この北欧4ヵ国は国連の世界幸福度ランキングにおいても常に上位に入っている。これは何を意味しているのだろうか。一つの推論だが、報道がフェアで客観的な情報を国民に提供しているからこそ、国民はどのような政策が自らの望む社会や生活を実現しうるのかを合理的に判断できる。そしてその判断に基づいて政権と政策の選択ができるので、働き方や生活に関する満足度が高く、世界幸福度ランキングで上位にあるのではないだろうか。

ちなみに他の主要国の報道の自由度ランキングは、ドイツ10位、フランス21位、イギリス23位と続き、公共の放送局が存在せず、資本にメディアが支配されていると言われるアメリカが55位である。日本はそのアメリカにすら15位も引き離された70位なのである。民主党政権が記者クラブの開放をはじめ報道改革を行った翌年２０１０年には11位にランクインしていたのに、その後一気に転落してしまった。70位というとG７で最下位、ＯＥＣＤ38ヵ国の中では政府に忖度して財政の窮状を報道せず一気に財政破綻に陥ったギリシャの88位に次いでワースト6位となっている。日本の報道は世界的に見てこれほどまでに自由度・透明度が低い、言い換えれば国民はフェアで客観的な情報を得られていないのだ。

もし報道の自由度が高い国で大多数の国民にとってマイナスになる政策がとられていれば、その政策を問題視する分析や改善の提案が報道されることになる。日本で言えば、失われた30年に関する具体的な経済データの提示や分析がマスコミを通じて国民にもたらされ、どのような政策が日本経済を停滞させているのかを知ることができる。そうすれば国民も自分たちにとって不利な政策がとられ続けることに異議申し立てができる。だが、報道の自由度が低ければ国民がそうした判断をするのに必要な情報が得られない。そのために、大多数の国民にとってマイナスになる政策であっても路線変更の必要性に気付くことができず継続してしまうのだ。つまり、国民が望んでこれまでのような経済政策が継続されてきたのではなくて、正しい情報を知らされてこなかったために正しい選択ができなかったと解釈すべきであろう。

２０１２年以降の与党自民党は、大幅な金融緩和政策による株価の上昇を以て「経済は絶好調」というメッセージを繰り返した。しかしその間、株価好調の恩恵に浴したのは大手企業と一部の富裕層のみで、大多数の国民は所得の停滞と増税に苦しんでいるままであった。また与党自民党は「悪夢の民主党政権」というキャンペーンを張ったが、報道の自由度が11位だった民主党政権時代が〝悪夢〟だったのは、国民にとってではなくフェアで客観的な報道をされて困る自民党にとって〝悪夢〟だったのではないかと勘繰りが働いてしまう。失われた30年のダメ押しの10年間は、報道の自由度ランキングが11位から70位へと急降下したのと符合している。

⑤主権者の責任

とは言え、それでは失われた30年に対して国民には責任が無かったのかと言うと、そうとも言えない。国民は主権者として日本の政治と経済を自分たちが決定している自覚があったのかと考えると、残念ながら疑わしい。北欧４ヵ国では議会選挙の投票率は80％程度に達しているのに対して、近年の日本は55％程度と非常に低い水準にある。国民の半分近くの人が民主主義に参加していないのだ。

２０２１年に実施された衆議院議員総選挙では、自民党が衆院定数の56・１％の議席を獲得して「絶対安定多数」となったと報じられた。実際、小選挙区では有効投票数に占める自民党の得票率は50・１％に達していて、比例代表でも34・７％に達していた。しかし、これらの高いパーセンテージは、低い投票率を分母とした時の数字である。全有権者を分母にすると自民党に票を投じたのは、小選挙区で26・３％と国民の４分の１程度、比例代表では18・９％と国民の５分の１程度に過ぎない。つまり国民の20～30％しか支持していない自民党が衆議院議席の過半数を獲得し、大多数の国民にとってマイナスとなるような政策を取り続けてきたのだということになる。したがって、その責任は、投票に参加すらしない国民自身にもあると考えられるのである。

また国民だけでなく野党にも問題がある。有権者の20％程度の支持しか得られていないのに半数以上の議席を占めている自民党の選挙戦略はある意味では自民党にとっては合理性が高いと言えよう。一方、残りの票を分散させてしまって、得票数の割にそれに見合った議席を確保できていない野党の選挙戦略は稚拙であると言わざるを得ない。小選挙区において野党が一致団結して一人の対抗馬を立てて、与党対野党という対立構造をきちんと作り出すことができれば、野党の議席数は今よりも大幅に増やせるはずである。そのことはほぼ自明であるのに、総選挙における野党協調が取れずに票が分散して、与党ばかりが効率的に議席を獲得する構図が続いている。特に残念なのは民主党が政権を失った2012年以降、立憲民主党と国民民主党に分かれてしまったことである。当然ながら、その後の総選挙で分裂した両党の総議席数は民主党時代に大きく及ばない。にもかかわらず、再び合同するどころか、選挙協力すらままならない選挙戦が続いているのを見ると本気で政権奪取を目指しているとは到底考えられない。これでは自民党の政治に満足していない国民の信頼と期待が得られないのも仕方ないであろう。

大多数の国民にはマイナスだけれど自分たちを支持してくれる大企業や富裕層にとっては有利な経済政策を取り続けながら政権を維持している自民党は、政党としては合理的に振る舞っているとも言える。そうした政権と政策を結果的に選択しているのは、我々国民の責任であり、その国民に正しい情報を伝えないメディアの責任であり、政党として合理的な選挙戦略を取れない野党の責任である。

第Ⅱ節：これからどうしていくべきか

①新自由主義と再分配

前項までに、失われた30年のわが国の現状、その間にとられてきた経済政策、および30年を失われたものにしてしまった要因について見てきた。しかしながら過去は過去であり、嘆き悔やんだところで変えることはできない。我々がやるべきはより良い未来を築いていくことである。ここまでに示した現状とその要因分析を踏まえて、わが国はこれからどうしていくべきかについて、経済のスコープだけでなく政治のスコープも交えながら、新たな日本の構想を示していきたい。

これから日本が成長を遂げていくために必要なことは、端的に言えば生産セクターの効率化と十分な再分配である。財貨を生み出すための活動を担う生産セクターは生産主体（主に企業）が競争力を高め、効率的に財貨を生産できるようにする必要がある。そのためには、公正な競争を阻んでいる様々な既得権構造を解消し、市場メカニズムを尊重した自由主義的なルール整備が必要であるのは間違いない。そして効率的に産出されたGDPを資本の増殖にばかり投入するのではなく、国民生活の向上のために再分配することがマストである。

新自由主義を提唱したミルトン・フリードマンも、低所得者には負の所得税を適用する等の提案をし、「新自由主義は適切な再分配機能を伴ってこそ、持続的な発展が実現する」ということを提唱している。現実的な再分配の具体策は、国民に対しては減税や社会保険料の負担を軽減し、その分を法人や富裕層が負担増を担う形である。持てる者から持たざる者へという再分配の基本型そのものである。1995年の法人税収は13・7兆円で消費税収5・8兆円の約2・4倍であった。その時の日本企業は国際競争力が現在よりも明らかに高かったし、国民生活も現在より明らかに豊かだった。法人税を軽減し、消費税と社会保険料を上げ始めた時から失われた30年が始まった。この頃から日本企業は、設備投資やR&Dを抑制し賃金アップを止めることで目先の利益額を拡大させたが、長期的には一貫して国際競争力を失ってきたことを重く見なければならない。

それでは今後どのような国民経済の運営が有効かというと北欧諸国の国家運営が参考になる。北欧ではIKEAやH&M、Spotifyのような世界的に有名な企業がいくつも誕生しており、グローバル資本主義において高い競争力を持ちながら、同時に安心して国民が生活していける手厚い社会保障/セーフティネットが整備されている。北欧諸国では医療や教育は原則無料であり、生活保護や失業給付が手厚く支給される。資本主義という苛烈な競争を戦うことと同時に福祉国家的に国民を手厚く保護することは矛盾しないばかりか、成熟国家において非常に有効な国家運営の方法論だと考えられる。

経済領域ではグローバル資本主義において企業が勝ち抜ける競争力を持ってGDPを極大化しつつ、手厚い保障を行うためのしっかりした再分配政策によって、人々が安心しながら幸せに豊かに暮らせる社会が実現できている。

実はこうした社会運営、すなわち市場主義（競争）と再分配（社会福祉）が車の両輪として機能することによって、資本主義が国家の社会発展と安定を両立させ得ることは歴史的にも示されている。

イギリスで資本主義が導入された当初は、工場経営者が労働者を低賃金かつ劣悪な環境で一日に16時間も働かせるような労働の在り方が常態化していた。資本家からすれば、労働者が働けば働くほど工場としての生産量が上がるため、できるだけ長時間働かせることが合理的だと考えたのだ。そうしたやり方に対して、労働者からの反発の声が大きくなり、ジョン・スチュアート・ミルやジョン・バートンといった経済学者たちは、労働者の立場を考慮した資本主義の修正を提示した。１８３３年にイギリスでは工場法が定められ、一日12時間の労働を上限とする法規制がなされた。もしこうした修正の手立てが登場せずに初期の苛烈な資本主義のままだったら、資本家だけは短期的に豊かになったかもしれないが、大多数の労働者を含む国民経済全体の発展は遠のいて、その後のイギリスの国家的発展は無かったであろう。イギリスが発展したのは、資本家の専制的な苛烈な資本主義を修正し、労働者の立場にも配慮して国民経済全体に恩恵をもたらしたからである。

冷戦時代にも似たような構造を見ることができる。冷戦はアメリカvs.ソ連という二大勢力の国力の対立であり、資本主義vs.社会主義というイデオロギー／社会運営の方法論の対立でもあった。ではその対立においてアメリカはイギリスの初期資本主義のように資本合理性を追求した苛烈な資本主義を行っていたのだろうか。実はその逆である。ソ連の社会主義というアンチテーゼがあったために、そちらに人心が流れないようにとアメリカでは資本主義経済でありながらも比較的手厚い再分配を実施していた。ちなみにアメリカが最も成長した１９６０年代には、アメリカの累進課税の最高税率は90％を超えていた。当時のアメリカは、再分配をしていたからこそ経済成長の原動力となる中産階級が育ち、経済的な繁栄を継続的に享受できたのであり、国民全体が豊かになって社会の安定を保つことができたのだ。もし再分配がなされなければ、貧富の格差が広がり、社会不安が増大し、国力全体の継続的な発展は難しかったであろう。冷戦時代のアメリカにとって、再分配政策は社会を安定させるための合理的な選択だったと同時に、中間層を育て国民経済の購買力を継続的に拡大していくという機能を持った非常に有効な成長戦略でもあったのである。

ソ連が崩壊して冷戦構造が終焉を迎えてから、アメリカは対立項を失って新自由主義へと舵を切り、市場原理主義へと傾斜していった。一方、ちょうど同じ時期にフランスではミッテランの社会党政権が誕生して、アメリカの新自由主義型とは一線を画した、再分配を軸にした社会民主主義が確立した。そしてこの社会民主主義型の社会運営はドイツ、イタリア、北欧諸国へと広がっていった。

日本では海外の事例としてアメリカのケースが持ち出されることが多いが、実は日本と社会の成り立ちが近いのはアメリカではなくヨーロッパである。アメリカは国家としての歴史が短く多民族によって社会が構成されているが、日本は人口比率では単一民族に近い形で構成されており、古くから続く店があったり伝統技術を継承する職人がいたりする歴史と伝統の国である。その意味でも同じような歴史背景や文化を持つのはヨーロッパ諸国であり、ヨーロッパ流の社会運営の方が日本社会には向いていると思われる。つまり歴史と文化を重視する保守的な考えと運営ルールを持つ日本においては、新自由主義型よりは社会民主主義型の社会運営の方が適していると考えられる。日本は1980年代までは世界で唯一成功した社会主義国とも言われ、一億総中流の文化と社会システムが機能していた。その中で人々は将来への希望を持って懸命に働き、活力ある社会と生活が営まれていた。そうした日本人と日本社会ならではの成功の形を目指すためには、アメリカ型の新自由主義への傾倒を見直すことが必要であろう。

②成長と安定化のための具体策

では具体的にどのように生産セクターを効率化して、どのような再分配を実現するべきか。それぞれについて見ていこう。

まずこれからの国民経済のあり方を考える上で、前提条件として忘れてはならないのが少子高齢化である。生産年齢人口がこの先も減少することを踏まえれば、わが国が目指すべきは高付加価値型産業の育成・強化である。

これまでに失われた30年の日本の状況を確認してきたが、実は低落傾向にあった日本経済の中でも成長してきた産業がある。それは観光産業である。

たしかに日本には独自の伝統や文化があり、食文化も豊かなので、海外の観光客をひきつけるだけの魅力がある。そうした見立てのもと、政府も10年くらい前から成長産業として積極的に様々な支援とキャンペーンを行ってきた。

しかし、観光産業がこれからの日本に適した産業なのか、これからの日本経済を支える主力産業にしていくべきか、と問われたら、答えは残念ながらノーである。なぜなら観光産業は基本的には低付加価値型かつ労働集約型の産業であるためだ。多くの労働力を必要として、しかも労働者の所得は必ずしも高くない産業は、少子高齢化が進み人手不足が深刻化している日本にとって適合的な産業とは言えない。また観光産業は国際情勢の影響を受けやすく、経済的な安定性が低いというリスクもある。自然災害やパンデミック、国際的な緊張などによって観光客数は大きく増減するので、もし観光産業が主力産業となったら、日本経済は不安定で脆弱になってしまう。日本が観光地として魅力に富み、まだまだ産業としての成長余地があるとしても、観光産業を第一の注力産業にすることは、これから国民経済を発展・高付加価値化させていくための国策としてはあまり合理的ではない。

日本が育成・強化すべきは、労働集約型の低付加価値型の産業ではなく技術・知識集約型の高付加価値型産業である。一例としては、ＡＩ、エネルギー、医療・医薬といった分野が考えられる。これらの領域は、一人当たりＧＤＰの拡大や所得水準の向上が期待できる上に、これから先も世界的に需要が高まっていくことが見込まれる。その発展には高度な技術・知識が求められる領域であるが、日本のように天然資源が少ない国では、技術・知識によって価値を生み出す産業こそが国民経済の発展を実現していくためには必要である。そのためには国民への教育を充実させた上で、企業が資本投下をして研究開発を進め、国力としての知的資産と技術水準を高めて経済成長に繋げていくというサイクルが不可欠である。そしてこのサイクルを支援・推進することを経済政策の柱とすべきである。

かつて第二次世界大戦後の日本では、傾斜生産方式という経済政策が実行された。当時、工業化経済の基盤となる鉄鋼や石炭の分野を強化するために、経営資源であるヒトとカネを重点的に投入して発展させた上で、その発展を他の産業へと波及させることを目論んだ経済政策が傾斜生産方式である。鉄鋼や石炭などを基幹産業として発展させることは製造業や建設業などの産業全体の生産性向上やコスト削減をもたらし、戦後日本の急速な復興を大いに推進した。特に、１９５０年代以降の高度経済成長期に、鉄鋼業や重工業の発展が日本経済の強力な成長エンジンとなり、世界的な工業国へと成長する強力なドライビング・フォースとして機能した。

現代においても、これからの世界的主力産業分野に人材や資金を集中投資して産業育成を促進するという傾斜生産方式がヒトとカネの効率的運用を実現し、将来性のある産業ポートフォリオを構成するための基本戦略になる。先に示したＡＩ、エネルギー、医療・医薬などの分野の競争力強化に国家を挙げて取り組むことが経済成長と高付加価値化の両方を達成することができる経済政策の鍵となるだろう。特に生産年齢人口が減少し続けている日本においては、労働力不足を解消するためのＡＩの活用が切り札になる。その意味でもＡＩの領域をかつての鉄鋼や石炭のような重要産業として位置づけて、国策として集中的に取り組むことが有効かつ不可欠だと考える。

③社会安定化政策：介護産業への支援

こうした生産セクターの効率化・競争力強化と並行して取り組むべき、これからの日本社会にとって重要な産業政策がある。国民生活と国民経済を安定させるために政府が支援すべきなのが介護産業である。

介護産業の従事者は、２０２２年で約２１５万人であるが、現場の声を聞くと全然人手が足りていないというのが実態のようである。２０２２年の全産業の有効求人倍率が１・３１倍なのに対して、介護関連職種の有効求人倍率は、全国で３・７４倍、東京都で５・９１倍と、全く人手が足りていない実態が如実に反映された数字になっている。介護業は仕事内容や労働条件が厳しいばかりでなく、収入も決して高いとは言えない。国も介護従事者の処遇改善に着手しているが、それでも夜勤ありのフルタイムで働いても毎月の手取り額が18万～25万円程度と言われている。仕事内容の過酷さから長く勤務するのが難しい上に、この金額では家族を持つ者が家計を支えるには不十分なため、人手不足が慢性化している。事実、２０２２年の東京都の全産業の離職率が12・９％に対し、介護従事者の離職率は15・2%となっている。

これから要介護の割合が高い後期高齢者が急速に増えていく。そうなると当然ながら介護施設の拡充と介護従事者の増員がますます必要となる。にもかかわらず人手不足のままであれば、十分な介護が提供できなかったり、不幸な事故が発生したり、仕事の過酷さが増して退職者が増えるという悪循環が生じることが容易に予測される。

これからの日本社会と経済を考えると、社会を安定化させるためのインフラ産業として介護産業を支援していく必要がある。対策の柱は二つある。一つは、人手不足を解消するために早急に介護従事者を300万人程度に増やすこと。もう一つは、介護従事者の退職を減らし、求職者を増やすために給与水準を大幅に上げること。現行の報酬額が月額18万~25万円程度と述べたが、月額で10万円プラスすれば、すなわち月額28万~35万円程度の手取りが得られれば退職者は減り、求職者が増えることが期待できよう。

300万人規模の介護従事者への所得補塡は社会インフラの整備事業、社会安定化事業として国家が支出すればよい。300万人に対して一人月額10万円、年額120万円であるから、年間3・6兆円の予算である。年間3・6兆円の支出をしてでも、自分自身や家族が要介護状態になった時に安心して受けられる介護サービスが整うのであれば、必要かつ有効な投資だと国民に評価されよう。社会安定化のための新しい公共サービスとして公的資金の投入は十分に正当化されるはずである。

ちなみに、戦後期に傾斜生産方式と並んで行われた産業政策がもう一つある。食糧管理制度／二重米価制度である。これは政府が米農家から米を高く買い上げ、消費者にそれ以下の価格で安く売るという逆ザヤの売買の制度である。この制度によって米作農家は安定して米作を続けることができた。すなわち農家に対しては一定の雇用を保障し、消費者に対しては安く米が買えるという二つの効果が見込まれたのである。

第二次世界大戦直後は労働者のうち農業従事者が約4割を占めるほどの最大の雇用産業であり、農家の雇用と所得を保障することは社会の安定のためには不可欠であったが、米の二重価格制度はその役割に大きく貢献したのである。

この二重米価制度と同じく雇用対策と国民生活の安定化という二つの効果が見込めるのが介護従事者の所得補填政策であり、これからの新しい公共インフラ整備だと言えよう。

④新しい公共インフラ：ＢＩ（ベーシック・インカム）

前項では、ＧＤＰを成長させ、豊かな生活を実現するために新しい傾斜生産方式としてＡＩ、エネルギー、医療・医薬等の高付加価値型産業の育成・強化の方針と社会安定のための介護従事者への所得補塡策を提示したが、更にもう一つ、合理的な市場経済と国民生活の安心・安全を成立させるために有効な政策を提示しておこう。

それは国民に安心と安定を保障するセーフティネットを整備・充実させることである。生産セクターの効率化を図るために必要な市場メカニズムと競争重視の経済政策は、必然的に敗者と格差を生む。敗者となってしまう労働者や国民の格差を埋めて中間層を守るためのセーフティネットが整備されなければ、国民経済全体の継続的な発展と社会の安定は実現しない。このことは、企業に対しては競争力強化のための新自由主義的な自由を認め、国民に対しては生活の心配をなくすための手厚い社会保障によって、国民経済の発展と社会の安定を達成している北欧型の社会経済モデルが示している通りである。

そうした社会経済モデルの一つとして検討に値するのがＢＩ（ベーシック・インカム）の

導入である。ＢＩによって月額８万円程度を全国民に支給すれば、国民の最低限の生活が保障されることになり、国民の安心と社会の安定に大きく寄与する。ＢＩ導入の障壁として財源の問題が取り沙汰されることが多いが、全国民に月額８万円を支給するために必要な約１２０兆円は現行の国民年金・厚生年金や生活保護予算を原資とした上で、法人税率を上げたり金融所得課税を強化したりすることで国民負担率を10％程度引き上げれば賄うことが可能である。日本の国民負担率は２０２１年で48・１％であるが、10％アップしてもフランスの68・０％やイタリアの60・１％より低いため、十分実現可能な範囲だと見なすことができよう。

ＢＩは国民が生きていく上での不安を解消し、治安の維持や社会的脱落者の防止といった安心・安定的な社会運営を可能にするだけでなく、日本経済の再興にも大きく寄与する。ＢＩによる生活の保障があれば、企業は競争力強化のために労働者雇用の最適化を図りやすい。単なるリストラだけでなく新しい事業に向けての雇用者の入れ替えの柔軟性が高まるので、企業の戦略的選択肢が広がる。更にＢＩによって低所得者層に所得の再分配がなされることによって、低所得者層の消費が増えることが見込まれる。低所得者層は消費性向が高いため、支給された金額の大半は消費に回る。お金をあまり使わない富裕層からお金の足りない低所得者層への再分配を実現することによって、経済成長に繋がる消費の活性化も図ることができるのだ。

以上のように、格差を埋め、企業の戦略選択の幅を拡げ、消費を活性化することができるのがＢＩ制度のメリットであり、新しい時代の社会基盤、公共インフラだと言えよう。

失われた30年の間、継続してきた国民から企業への所得移転を図るという経済政策を転換し、高付加価値型の知識集約型の産業の強化・育成を推進し、高齢化社会の不安を解消するために介護産業の充実を支援する政策が、これからの日本経済の成長と社会の安定のためには有効かつ不可欠であることはご理解いただけたであろう。また、経済の活性化や企業間の競争で切磋琢磨する際に発生する敗者と格差に対処し、社会と国民に安定と安心をもたらすＢＩの導入も、ＡＩを積極的に活用していく上でたいへん相性が良い政策である。ＡＩの活用とＢＩの導入はセットで考えるのが妥当である。ＡＩとＢＩが両輪となって新しい時代の生産様式と社会運営を構築できるのである。

⑤民主主義国家における主権者責任

これからの日本の経済を活性化させ、社会の安定化を図るための方針を示してきたが、ＡＩやエネルギー、医療・医薬といった高付加価値型産業への新しい傾斜生産方式にしても、３００万人規模の介護従事者への所得支援にしても、これまでの経済政策や産業政策に比して非常に革新的な政策であり、国家的方針転換と言える。ましてやＢＩの導入は今のところ世界の先進的な国ですら議論と社会実験の段階にまでしか至っていない。人類にとって歴史的とも言える大きなチャレンジである。

こうした大きな政策を実現・推進していくために必要なのが、国民の正しい理解とコンセンサスである。

したがって、これからの日本経済を成長させ、社会の安定を図るためにまず必要となるのは、国民が正しい政策を選択する意識と行動、すなわち国民の主権者的行動の確立である。民主主義国家である日本において国民の意識とニーズの反映のための総選挙は１９９5年以降10回行われてきたが、総選挙を通じて形式的には国民の選択の結果として国民から企業への所得移転が進められ、教育費・研究開発費は抑制され続けてきたのだ。日本のGDPは伸びず、国民の実質所得が下がり続けた政策を国民が積極的に意図したわけではなかったとは言え、民主主義国家の政治選択のルールにおいては国民が選び取ってきたというのが現実なのである。

したがって、日本経済を成長させ、国民生活の安定を図る政策を実現するためには、経済政策を人任せ（政治家任せ／官僚任せ）にするのではなく、国民が自分たちの判断と行動（選挙）で選び取っていかなければならない。つまり、主権者責任の意識と行動を持つことが政策転換の第一歩となるのである。

現在の経済の実態は客観的に見てどうなっているのか、自分たちにとって望ましい政策はどのようなものなのかを主権者責任を持って自分ごととして正しく知りたいという意識が国民にあればメディアの報道も改善されるはずである。政府が取捨選択した情報を記者クラブ経由でそのまま垂れ流すのではなく、客観的データと自らの取材をもとに情報発信するような本来あるべき姿のジャーナリズムが回復するはずである。政権を取らなければ新しい政策を実現することができるわけがないのにアリバイ作りのためだけに政策提案をし、本気で政権奪取にチャレンジする選挙戦略を取らない野党も、国民の本気度を知れば野党間の選挙協力や野党合同に向かうだろう。

自由競争による経済成長と再分配による生活の保障という経済運営は、北欧諸国がそれを実現していることを見れば現実的に可能である。そのような経済運営になれば、世界幸福度ランキングも51位というさえないポジションからヨーロッパの成熟国家なみの10位台に上昇することも十分に期待できよう。

そういう経済政策を実現するための鍵は、国家政策を決める責任を担っているのは国民であるという主権者責任の意識を国民一人一人しっかりと持つことである。新しい日本を作り出すための第一歩はここにあると考える。

第Ⅲ節：これからの世界で起きる変化

第Ⅰ節では現在の日本経済の不調について、すなわち失われた30年と言われる今の不調

よる工業化／産出財貨の大量化によって世界人口は8億人から82億人へと10倍以上に増え、平均寿命も2倍になった。まさに人類史における革命である。

こうした農耕革命、産業革命による社会の変革になぞらえてＡＩ革命の影響と社会の変化を考えてみよう。ＡＩ革命によって起きる最大の変化は財貨の増大ではなく労働形態、すなわち人々の働き方の変化となるだろう。

ケインズは１９３０年の時点で、これから１００年先には圧倒的に財貨の生産力が増大し、人は週に15時間しか働かなくなるだろうと予言した。就労時間についての予言は外れたものの、ケインズの予言から１００年近く経った今、一人当たりの実質ＧＤＰは6倍近くになっている。豊かさのレベルに関しては非連続的とも言える大きな進歩が実現した。ただ生産される財貨の質・量が増大するのと並行して人々の欲望のレベルも高まったことに加え、資本主義における富の分配のしくみによって過剰に産出された財貨と資産の多くが資本家や富裕層に偏在し、人々の労働時間はケインズの時代から大きくは変わっていない。資本家がより大きな富を求めて労働者に週15時間労働を許さないからだ。資本家は政治への圧力や人々に更なる財貨を欲しがらせるマーケティングなど様々な手立てを講じ、週に40時間ほどの労働をさせ、15時間労働との差分を手にするしくみを構築した。再分配の基準と標準的な生活スタイルを多少修正すれば、人々の生活レベルを維持したままで今の労働時間を半減させることは不可能ではない。その意味ではケインズの予言の半分は当たっていたと言えよう。

労働時間がこの先どうなるかは再分配の方法論次第だが、ＡＩ革命によって労働形態は大きく変化するだろう。まず労働価値のシフトが起きる。産業革命によって人間が担う仕事が物理的エネルギーの発揮から知的情報加工へと変化したように、ＡＩ革命によって知的情報加工の価値は陳腐化するだろう。

ＡＩ革命以降は、共感、信頼、尊敬といった人々の情動に働きかけ、人々の心や行動に影響を与えられるような仕事こそが人間の仕事の価値の源泉になっていく。そうした価値の源泉の変化に伴って、これまで知的情報加工を中心として設計されてきた仕事のジョブデザインや組織・制度も大きく変化するだろう。

そして生産様式の変革は世の中の価値基準と権力構造／社会構造の変化も引き起こすことになる。これがＡＩ化生産様式へのシフトが単なる技術進化ではなく、社会のあらゆる方面で変化を促す〝革命〟と言われるべき根拠である。

②良きこと／正しいことへの価値基準のシフト

ではＡＩ革命によって世の中の価値基準はどのように変化するだろうか。今の世界を見渡してみれば、経済合理性こそが最大の価値基準であり、企業や人々が行動を決める上での判断の物差しとなっている。私たちの日々の生活に密着した様々な活動、例えば何を買うのか、どのような仕事に就くのか、進学をどうするのか、持ち家・賃貸にするのか等々について判断を下すための基準であり、企業であればどこに投資をするのか、何人採用するのか、賃金はいくら払うのか、いくらで仕入れていくらで売るのか等々を決める基準である。つまり現在は個人も企業も経済合理性を判断基準として活動しているのである。

そうした経済合理性を中心とした価値基準はＡＩ革命以後に弱まっていくだろう。なぜなら、今、財貨を産出するためのコストの大半を占めているのが、働いている人々の圧倒的多数が担っている業務のコスト、すなわち労働者によって担われている知的情報加工のコストである。その業務をＡＩが代替するようになると恐らくコストは現在の１００分の１程度にまで低下するであろう。産業革命以前と以後では物理的エネルギーの源泉が人手から化石燃料に変わったことによって、財貨を製造するための物理的加工のコストが１００分の１程度になったのと同様である。コストがタダ同然のものについての合理性の検討はあまり重視されなくなる。そして経済合理性に代わって人々の心地良さが物事の正否の判断基準になっていく。何のために自分の時間とエネルギーを使うのか、何を購入するのか、どんな仕事に就くのか、そうした様々な判断の基準が儲かるかどうかによってではなく、どちらの選択肢が自分にとって心地良いかどうかによって決まっていくことになるだろう。

経済合理性の重要性が低下した後、人間は気分が良いか、楽しいか、美しいかといった感情に豊かさや幸福感を見出すようになるからだ。そして人生の営みの目的自体が気分の良さや楽しさを得るためには自分が何をするのが良いか、どのように日々を過ごすのが価値ある人生になるのかというテーマへと大きく変化していくだろう。

ガルブレイスは１９９０年代に、経済活動の産出物をＧＤＰで測定することの限界を指摘して、近い将来「美しさ」がアウトプットの基準になるだろうという予言をしている。ガルブレイスのこの考え方はブータンが提唱しているＧＮＨ（Gross National Happiness：国民総幸福量）という概念とも合致するもので、近年世界的に注目度を上げてきている世界幸福度ランキングもこうした考え方が起点となって登場したものである。

今はまだ資本の支配力が強く富の再分配が歪んでいるために、世界で産み出される財貨の総量は世界中の人々を養うのに十分な水準に達しているにもかかわらず、飢えている人も学校に行くことができない子供も存在する。ＧＤＰを増大させることによって、そうした経済的に満たされていない人々の生活を向上させようとしているため、いまだにＧＤＰが豊かさを表すための有用な指標として用いられているのだ。しかし、ＡＩの導入によって飛躍的な生産性の向上が実現したら、そのような経済的産出物の不足はほぼ解消され、ケインズの予言と同様にガルブレイスの予言も実現し、価値基準はＧＤＰから心地良さや美しさといった次のステージにシフトしていくことだろう。

このように経済合理性から心地良さや美しさへと価値基準のシフトが起きると同時に、これまでの人間社会の根底にあった規範も転換されるだろう。「働かざる者、食うべからず」

という規範の転換である。

有史以来、洋の東西、時代の古今を問わず、「働かざる者、食うべからず」という規範は人間社会の共通基盤であった。石器時代から産業革命までの人類の生活は、ずっと最低生活水準、つまり生きていくために必要な最低限の生活を何とか維持しうる水準だったので、生産に貢献しない者を養う余力が社会になかったのだ。農耕革命にしても産業革命にしても、もたらされた最大の変化が地球上の総人口の飛躍的増大であったのは、このしくみの表れである。その時点の生産力で養うことができるギリギリの人数バランスで営まれているコミュニティーにおいて、働かない者にまで食料を分配することは、コミュニティー全体の飢えに繋がるリスクがあった。そのため、集団を維持する当然の掟として、働かない者には食わせないという規範が世界中のどの集団にも存在してきたのである。

だが、ＡＩの導入によって圧倒的な生産力がもたらされれば、働かない者に食わせても、その集団が飢えたり社会が衰退したりしてしまうことは無くなり、この規範の合理性・必然性は根拠を失うことになる。圧倒的な生産力さえあれば、「働かなくても、食って良し」となっても、その社会にとっての致命的な不都合はなくなるのである。

③権力構造／社会構造の再構築

ＡＩ革命によって実現する新しい生産様式や価値基準に合わせて、権力構造／社会構造も再構築されるであろう。

農耕によって階級社会と権力構造が誕生し、産業革命によって支配者が王から資本家へと転換し、経済の大規模化に進んだ資本主義が資本家と労働者という社会構造を作り、また労働者と同時に消費者としても資本主義を回していくための役割を担ってもらうために民主主義が成立した。

ではＡＩ化時代には、どのような権力構造の変化が起きて、どのように社会構造が再構築されるだろうか。ＡＩ化時代における主権者は誰になるのだろうか。

一番想像しやすいのは、現行の資本家支配のままで同じ支配構造が続いていくという未来である。ＡＩの所有者が資本家である限り、生産財の所有者である資本家が労働者を支配したように資本家の支配と資本家優先の富の分配が続く。このように、今の延長線上に未来を想像することは容易ではあるが、こうした未来だと資本家と労働者の格差が拡大し支配構造が強化されるだけで、多くの人々にとって豊かで幸福な未来とは成り難い。大多数の人々の豊かさに繋がらない社会構造は長続きしないものである。

もう一つ考えられる未来の形がある。ＡＩ化生産様式のオーナーが国家／国民になる未来である。国家／国民がこれからの主たる生産財であるＡＩの所有者になれば、そのアウトプットである財貨や利潤も国家／国民のものになる。そうなれば生産される財貨の価格をどうするのか、経済活動を通して得られた利潤を誰にどのように分配するのかという決定権を国家／国民が持つことができる。資本家がＡＩを独占することによる極端な富の偏在や格差の拡大も防ぐことができる。言うなれば、民主主義的な分配論が実現することになる。

資本主義的分配論と支配構造に慣らされた我々には想像しにくい形かもしれないが、中世には揺るぎないものとして見られていた絶対王政や教会による支配が瓦解したのと同様に、資本家による支配も生産様式と価値基準が根底から変わる新時代には崩れ去る可能性は十分にある。

現在の延長線上に未来があるか、今とはまるきり違う未来が訪れるのか。その二つの未来を巡る争いは、現在の社会運営の二つの方法論である資本主義と民主主義のぶつかり合いになる。

筆者は民主主義が資本主義を凌駕して、国民がAIのオーナーになる未来を予想している。飢える者がいなくなったレベルの成熟国家では社会民主主義へ移行する流れは既に存在している。先にも述べたが、成熟国家が多数存在するEUにおいて、フランスをはじめとして社会民主主義へと早々に舵を切っている国々はいくつもある。国家の成熟に伴って社会民主主義体制へと移行していっている国が少なくないという現実は人間という存在のネイチャーに根ざした選択だと考えて良いのだろう。人間のネイチャーに基づいてAI化時代には社会民主主義的な方向へ進む可能性は十分に高いと考えられよう。

④ライフスタイルの変化

それではそういう生産様式、価値基準、社会構造になった時、人々はどういうライフスタイルを営むのか。市民が生存維持的労働から解放されていた古代ギリシア市民の生活が参考になるだろう。農耕や土木・建設といった生活のために必要な労働は奴隷が担っていた古代ギリシアの市民は、自分たちが暮らしている社会を運営する政治と、知的興味を満たし創作の喜びを追求するための学問・芸術に勤しんだ。自分たちが暮らす社会運営のあり方を論じる政治だけでなく学問・芸術が花開いたからこそ、ヨーロッパの文化の原点が古代ギリシアにあると今も言われるのである。

人間の根源にある善きものを探究した数々の営みが古代ギリシアにはある。古代ギリシアから今に至るまで、人間のDNAに刻まれている本能的な倫理・道徳や喜びや楽しさといった感情のメカニズムは変わっていないだろうから、古代ギリシアがAI化時代の一つのモデルになる必然性は高い。

人間は食うことに困らなくなっても、感情の喜び、知的満足のために学問・芸術にエネルギーを注いで喜びや満足を得ようとするものである。古代ギリシアよりも遥かに昔のアルタミラの洞窟壁画を想起してもよい。雨天で狩りに行けずに時間を持て余した人間が、あれほど上手な絵を描くのである。ライオンだったら狩りができなければ寝ているところだ。アルタミラの絵を描くまでには、絵描きはたくさんの練習を積んだに違いない。人間には美と創造への本能的な志向があるのだ。

また人間は社会的生き物であるため、社会／コミュニティーの運営に関わろうとする。社会的生き物としての人間には、権力を持ち他者を支配しようとする本能があると同時に、他者と仲良くしてコミュニティーを調和的に運営しようとする本能もある。どちらの本能により大きなウエイトが置かれるかは人それぞれだが、いずれにせよ社会／コミュニティーの運営には関わろうとするだろう。

ＡＩによって生存維持的労働から解放された時、人間は専ら政治と学問・芸術に人生を費やすようになると予想できる。

実は留意しておかなければならないのは、経済合理性を軸にした社会で勤勉と競争のルールの中で生きてきた時代の人々が「暇と退屈の不幸」に陥るリスクである。働かなくても食うに困らない状態になると何をやって日々を過ごせば良いのか分からなくなり、暇を持て余し、生活が退屈でつまらないものになってしまうというリスクである。暇と退屈の不幸は、「働かざる者、食うべからず」の規範に基づく社会システムの中で教育を受けて良き労働者になるための価値観を刷り込まれてきた人間にとっては、深刻な哲学的苦悩だった。マルティン・ハイデッガーやバートランド・ラッセルをはじめ近代の多くの哲学者が人間にとっての重大なテーマとして取り組んできたことからもそれは明らかである。

だが、生まれた時から食べていくことへの心配がないことを前提にした世界観、人生観に基づいた価値観とライフスタイルの中で育っていけば、こうした苦悩もまた変化するだろう。野良犬と飼い犬の喜怒哀楽が大きく異なるように、「働かなくても食ってよし」となって、生きていくための労働ではなく学問や芸術の追究が中心となった社会で育った新時代の人々は、こうした旧時代の暇と退屈の不幸をそれほど恐れる必要はないだろう。

古代ギリシアの学問・芸術は、近代ヨーロッパ、ひいては現代社会の文化・文明の基盤となったが、それは古代ギリシアの価値観や活動内容が人間にとっての普遍性を持つものだからである。人が豊かで幸せな人生を送るための普遍的なモデルケースであり道標だと見なすことができよう。生活の心配がない状態の社会では、アリストテレスが示したエウダイモニア（人は何のためにそれをなすのか、何のために生きているのかという究極の目的）を人それぞれに追求し、人それぞれにコミュニティーの喜び、学問・学術の楽しみを享受することが人生の目的とされる時代が到来するのかもしれない。

第Ⅳ章

現代日本の政治思想

中島岳志

中島岳志［なかじま・たけし］

１９７５年大阪生まれ。大阪外国語大学でヒンディー語を専攻。大川周明の存在を通じて近代日本の政治思想に興味を持ち、20歳の頃からインド独立運動の闘士Ｒ・Ｂ・ボースの生涯を追いかける。京都大学大学院アジア・アフリカ地域研究研究科に進学し、１９９９年初めてインドへ。ヒンドゥー・ナショナリストとの共同生活を通じて宗教とナショナリズムの問題を追究する。『中村屋のボース』（白水社）で大佛次郎論壇賞。東京科学大学リベラルアーツ研究教育院教授。

日本政治のマトリクス

政治において「リベラル保守」という立場が重要だと私は考えている。ここ数十年の日本の政治思想を簡単に整理した上で、「リベラル保守」について説明していこう。

日本国内の政治には、二つの軸が存在している。一つはお金をめぐる軸である。政府は国民から集めた税金や国債などを様々なかたちで支出する。その際のお金の使途によって複数の立場が存在する。もう一つは価値の軸である。

まずお金の軸を考えてみよう。政治家のお金をめぐるビジョンには大きくは二つの方向性がある。一つはリスクの個人化であり、もう一つはリスクの社会化である。リスクの個人化とはどのような立場なのか。私たちは様々なリスクを引き受けながら生きている。例えば、急に病気になってこれまでの仕事に就けなくなったり、勤め先の会社が突然倒産して転職を余儀なくされたりすることがある。そうした様々なリスクを抱えながら私たちは暮らしている。これらのリスクについて、基本的には自己責任だと考えるのがリスクの個人化の立場である。それぞれの個人がマーケットを通じてリスクヘッジを自ら実現することを是とする立場だ。これがリスクの個人化の考え方であり、自己責任化路線である。俗な言葉では「小さな政府」の方向性になる。

もう一方のリスクの社会化は、個人の様々なリスクに対して社会全体で対応しようという考え方である。したがって、社会のセーフティネットを強化することを志向する。誰もが病気になったり怪我をしたりするリスクを抱えているのだから、みんなでそのリスクに対応しようという立場だ。俗な言い方をすれば「大きな政府」で行政サービスを手厚くする方向性になる。市民の負担は大きくなるが、その負担を受け入れながら、みんなでリスクに対応することを是とする立場だ。

リスクの行政化ではなくリスクの社会化と表現している理由は、現代においては行政だけでなく社会がリスクを担うことが少なくないからだ。例えば、災害被害からの復旧や復興にボランティアが果たす役割は大きいし、寄付やクラウドファンディングやNPO活動は行政ではない立場から社会のリスクに対応している。政治だけではなくて社会の分厚い協力体制がリスクへの対応に必要であると考えるのがリスクの社会化という立場である。

こうしたお金の問題を巡る対立軸に加えて、政治は価値の問題を巡っても立場が分かれる。例えば、選択的夫婦別姓制度の導入、ＬＧＢＴＱの婚姻、靖国神社への首相の参拝、歴史認識といった諸問題は、お金の問題ではなく価値の問題である。価値観の問題の対立は、よくリベラルと保守の対立として語られることが多いが、そうではないというのが私の強い主張である。リベラルの対義語は、保守ではなくパターナル（家父長主義・権威主義）であると考えている。そして保守とパターナルは全く別物であるということが重要なポイントである。

では、そもそもリベラルとはどのような思想なのか。近代的なリベラルの重要な起点になっているのは、三十年戦争である。三十年戦争は１６００年代前半に30年間にわたってヨーロッパで行われた戦争だ。この三十年戦争の一番大きな対立軸は、カトリックとプロテスタントの宗教対立だった。つまり、価値観の問題を巡る対立が三十年戦争の根本にはあった。もともとヨーロッパではカトリックの方が勢力としては強かったが、宗教改革以降プロテスタントも広がっていて、その両派が正面衝突したのが三十年戦争だった。結局、30年間に亘って争ったものの決着はつかなかった。ヨーロッパでは三十年戦争の結果を受けて、１６４８年にウェストファーレン条約を結んだ。ウェストファーレン条約において、主権国家という概念の共有化、国際法の遵守、均質で排他的な領土支配の確立、国家間のバランス・オブ・パワーの確立といった現在に至る国際政治の基礎をヨーロッパの諸国は確認し合った。

こうした国際政治の基礎の確認と同時に重要だったのが、リベラルという価値の確認である。当時のリベラルという言葉の意味内容は、主に「寛容」（tolerance）だった。宗教対立による三十年戦争で、自分とは異なる価値観を持っている他者との争いを経たことで、戦争によって価値観の問題が決着しないことが明らかになった。そこで、自分とは異なる価値観を持った人々に対して、まずは寛容になるべきだという共通認識が生まれたのである。自分とは異なる他者を認めるという意味での寛容としてのリベラルが、ヨーロッパの秩序維持には必要だと考えられたのである。この考え方が近代リベラルの一つの原点となっている。

この考え方は、当然のことながら、自由という観念へと発展していった。なぜなら、自分と異なる価値観を持つ相手に対して寛容になるだけでなく、同時に相手もまた私の持つ価値観や思想に対して寛容になってもらう必要があるからだ。相手に寛容になるだけでなく、相手にも私の自由を認めてもらう必要がある。このようにして、寛容として出発したリベラルは、自由の観念として発展していった。

リベラルの対義語はパターナルであると先述した。リベラルは相手の価値観に寛容になると同時に、自分の内的な価値観の自由を相手に認めてもらおうとする考え方である。その考え方に対立する考え方は、介入主義的な考え方となる。強い力を持つ人間が相手の価値観に権力的に介入していくことがパターナルな考え方だ。パターナルを直訳すると家父長的という単語になる。父親が絶対的な権限を持つ家父長的な家においては、家族の様々な自由が存在しない。父親が子供の仕事を選んだら子供はそれを受け入れる他ないなど、家族の行動の自由が制限される社会が家父長的な社会と呼ばれる。強い力を持つ人間が他者の内的な価値の問題に介入していくことを是とする立場が介入主義でありパターナルである。

具体例として選択的夫婦別姓制度を考えてみよう。リベラルな考え方をとれば、夫婦の姓はそれぞれの夫婦が考えて決めるべき事柄であって、それぞれの夫婦の自由にさせようとする。それに対してパターナルな考え方では、日本人だったら夫婦は同姓であるべきだと、強い力を持つ立場から介入をすることになる。

　こうしてみると、下図のⅠ～Ⅳの４象限に政治思想を区分することができる。私は日本の国内政治を考える上で、このうちのどこに政党や政治家が属しているかを検証した上で、自分の考え方に近い政党、政治家を選択することが有効だと考えている。

リベラルとは何か

　リベラルには大きく分けて二つの立場がある。図のⅡとⅢの象限に位置する、リスクを社会化しようとするリベラルとリスクを個人化しようとするリベラルの二つである。

　近代初期における古典的リベラルはどのようなものだったのか。中世のヨーロッパでは王権や貴族の力が

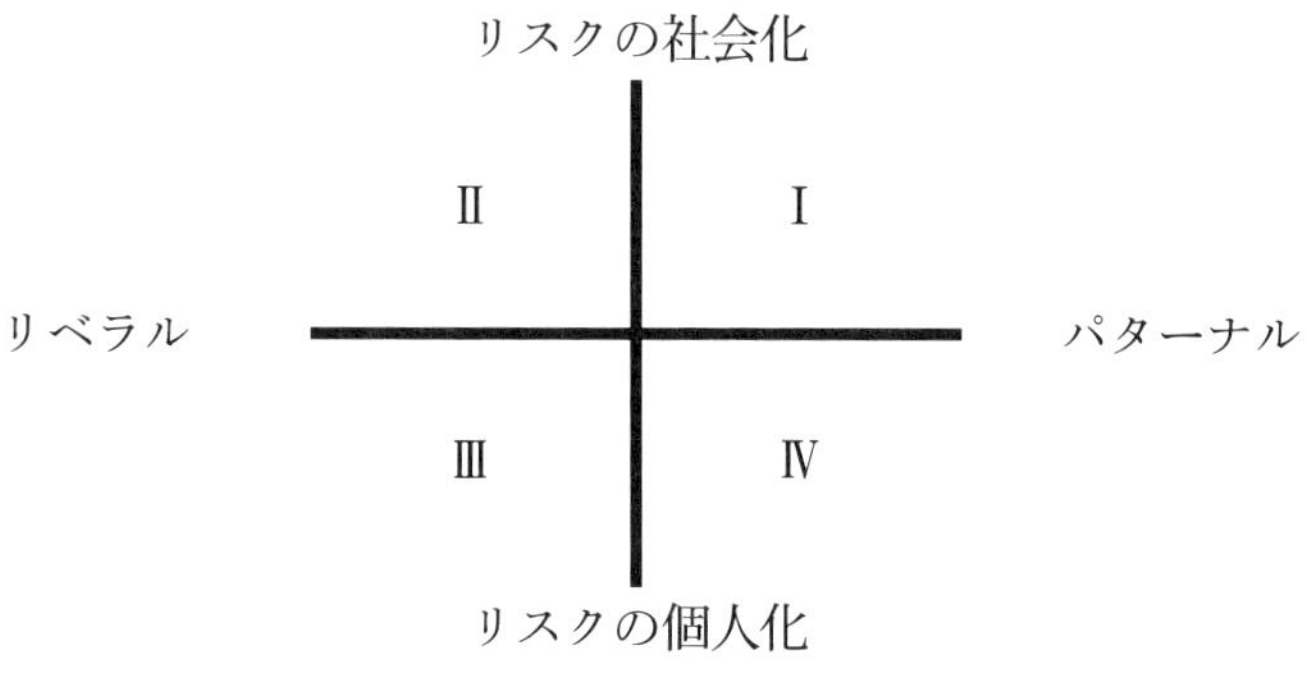

強く、市民は財産権の自由さえ持っていなかった。そうした強すぎる国家に対して、市民の自由を尊重させようとして生まれたのが古典的リベラルである。

アイザイア・バーリンは、自由を大きく二つに分けており、図のⅡとⅢにそれぞれ対応している。バーリンは、自由には消極的自由と積極的自由があるとした。消極的自由とは、「～からの自由」だと彼は表現している。特に権力からの自由を意味する。強い力を持つ権力から自由になり、国家に介入されないようにする市民の自由である。ジョン・ロックは財産権を訴えて、国家から財産の問題に介入されない市民の自由を主張した。この消極的自由は、図のⅢに相当する。国家から介入されない自由は同時にリスクを個人で引き受けることを意味する。

一方でバーリンは、「～への自由」としての積極的自由があると主張した。現実的には、「～からの自由」という消極的自由だけでは、私たちの自由は十分に保障されない。消極的自由だけを推し進めると格差社会になる。市民の消極的自由を認める権力は、市民のお金の問題に介在しないからだ。市民の中に生まれるお金持ちと貧しい人の格差が権力によって是正されずに拡大していくので、社会は格差社会となっていく。社会の中で格差が広がりすぎると真の自由は担保されないと考えるのが積極的自由の立場である。例えば、大きな格差がある社会においては、仮に憲法で職業選択の自由が保障されていたとしても、実態としてその自由が全員に均等に保障されてはいないだろう。勉強して学問を修めるにはそれなりにお金がかかるため、学問が必要とされる職業に就ける人は現実には限定されてしまう。リスクの個人化が進んで経済格差が大きくなりすぎると、自由へのアクセスが閉ざされてしまうことがある。こうした背景があって、積極的自由という考え方が登場してきた。国家が介入して経済的な格差を是正するための再配分を行わなければ、真の自由を担保できないと考えて、お金の問題について国家の介入を認めて積極的に市民の自由を創り出していく。それが図のⅡにあたるリベラルの立場である。

古典的リベラルは強大な国家への抵抗として生まれたが、国家の介入を拒みすぎるとかえって自由が疎外される格差社会となってしまう。そのことが明らかになってきて、19世紀末～20世紀頭にかけて福祉国家の考え方が生まれた。実質的な市民の自由を担保するために積極的に国家がお金の問題に介入して、お金持ちから税金を多くとって再配分をすることで社会的な制度を整えて、みんなが自由にアクセスする土台を作ろうとする考え方である。これが「〜への自由」である。20世紀前半には、この福祉国家論が大きくなっていった。しかし、このⅡの領域が大きくなりすぎると、これまた自由が実現しづらくなる。共産主義国家を考えれば分かるだろう。国家が全ての生産財を再配分の対象として配給による平等な配分を目指す国民経済では、自由で闊達な競争が阻害される。ⅡもⅢも極端なところまでいってしまうと、自由を求めながら自由を失ってしまうという側面がある。20世紀はⅡの領域が追求されたが、行き過ぎた福祉国家、さらにはマルクス主義の共産国家に自由がほとんどなかったことは私たちがよく知っている通りである。特に言論の自由の制約は大きく、政府と異なる見解を持つことが粛清の対象となることが共産国家の大きな問題の一つだった。

こうした大きすぎる政府の在り方に異議申し立てをして、近年大きくなってきたのが新自由主義という考え方であり、Ⅲの象限にあたる。新自由主義は社会主義・共産主義へのアンチテーゼとして登場したが、やはり新自由主義が行き過ぎると再び格差社会になってしまって自由が失われてしまう。ⅡとⅢの目指す方向性のバランスをとることの難しさが、リベラルの持つ本質的な困難であると考えている。

日本政治のポジショニングの変遷

　では、現在の日本の政府はどの象限にあるだろうか。まず縦軸にあたるお金の問題に関する日本のポジショニングについて、いくつかの指標でＯＥＣＤ諸国と比較して確かめてみよう。租税負担率、全ＧＤＰに占める国家歳出の割合、公務員数の三つを比較することで、ＯＥＣＤ諸国の中で日本のポジショニングが相対的に見えてくる。

　この比較から、日本はリスクの個人化が非常に進んだ国であることが明らかになる。私たちは税金が高いと感じているが、日本の租税負担率は他国よりも低い水準にある。全ＧＤＰにおける国家歳出の割合、つまり日本の経済活動において国家が国民のために行う医療、福祉、教育などの経済活動の割合も日本は低い。さらに公務員数も日本はかなり少なくなっている。公務員数はイギリスで１０００人中70人強、フランスで90人近く、スウェーデン、ノルウェーのような北欧諸国は１００人近く、ドイツで60人近く、それに対して日本では30人台後半である。ヨーロッパ諸国と比較すると日本の公務員数は半数程度なのだ。日本では官製ワーキングプアと言われるように、地方の役所や自治体で職員の半数以上が非正規雇用というところがざらにある。こうした指標を見ると、日本はリスクの個人化が進んでいることが分かる。大きな政府／小さな政府という言い方をするのであれば、日本の現状は小さすぎる政府となっている。

そんな中でどのような政策をとるべきかが日本には問われている。リスクの社会化が行き過ぎることも問題ではあるが、日本は相対的に見てもリスクの個人化が進み過ぎているので、もう少しリスクを個人から社会へと移していかなければならないと私は考えている。

もう一つの軸である価値の軸はどうなっているか。第二次安倍内閣から岸田内閣までの自民党を中心とした自公政権は、パターナルな価値観を持つ政権である。選択的夫婦別姓制度には手を付けようとせず、ＬＧＢＴＱの婚姻問題にも否定的だった。もしこうした制度を導入したら日本の家族観が壊れるとの声が自民党議員から噴出している。現在の旧安倍派を中心とする自民党の中核は、図の象限でⅣの領域に傾斜している。

しかし、これまでの自民党がずっとⅣの象限に位置していたのかというと、必ずしもそうではない。かつての自民党は、Ⅳの象限には属していなかった。典型的なのは、１９７０年代の代表的な政治家である田中角栄と大平正芳である。二人は協力しながら70年代の日本を作っていった。

田中角栄は福祉に重点を置いた政治をした。田中の有名な列島改造論では、東京を中心とした発展ばかりを追い求めるのではなく、鉄道や道路などの土木工事を行うことで全国にインフラを整備することを目指した。そして地方と東京を結び付けることで、地方でも重要な仕事ができる日本の在り方を模索した。列島改造論のもと、地方の人たちからの自民党の支持を集めることを目的とする政策がとられたと言えよう。

田中が佐藤栄作内閣時代に党幹事長を務めていた時に、「保守の危機」という言葉を盛んに使っていた。1960年代後半になって、自民党が選挙で苦しみ始めたからだ。特に衝撃的だったのは、1967年の東京都知事選で美濃部亮吉が勝利して、革新派の都政が誕生したことだった。その前には京都府で蜷川《にながわ》（虎三）府政が革新自治体として誕生していた。田中は、このままでは都市部で社会党や共産党が圧倒的に強くなり、自民党政権が崩壊するかもしれないという保守の危機を感じたのである。後に総理大臣になった田中は、都市部の貧困層に対する福祉政策を展開した。1973年を福祉元年として位置づけ、特に都市の高齢者への再配分政策を強化した。田中はリスクを社会化しようとした政治家なのである。彼の政治手法を見ていると、価値軸ではパターナルな面もあるので、Ⅰ象限とⅡ象限の間くらいに田中角栄の政治は位置づけられるだろう。

その後、田中の政治をさらにリベラルな方向へと是正したのが大平正芳である。大平はⅡ象限に属する政治家である。大平は自民党の宏池会に属し、思想的にはリベラルだった。1970年代はⅠ象限とⅡ象限を一つの軸として、日本政治が成り立っていた。しかし、大平の時代から、少子高齢化の問題が見えてきた。田中の手厚い福祉政策によるバラマキ型の政治を続けていくと、財政が厳しくなると見通しが立ちつつあったのだ。大平はこのまま70年代半ばに団塊ジュニアが誕生した後は、子供の数がぐっと減っていった。大平はこのままの放漫な政治を続けていたら財政が持たないと考えて、バラマキをある程度抑制する日本型福祉社会を目指した。ただし、大平は小さな政府を目指したのではない。大平が目指したのは、大きすぎる政府を是正して、将来に向けて政府のサイズを適正化することだった。

いずれにせよ1970年代は、ⅠとⅡ象限の上の方、つまりリスクの社会化を目指す政治が自民党によって行われていた。これが保守本流と言われた自民党の政治のかたちだった。70年代後半に大平がそうした政治の見直しに着手したが、それでも相対的にはリスクの社会化を志向していたのが保守本流の政治だった。

　こうした政治に根本的な疑問を持った政治家が80年代に登場する。中曽根康弘である。中曽根は国鉄の民営化、塩・たばこの専売公社の民営化など国営企業の民営化を進めていったことで知られている。福祉国家の国家財政への負担を重く見て、イギリスのサッチャー、アメリカのレーガン、日本の中曽根が連携して、リスクの社会化からリスクの個人化への流れを作り出していった。ただし冷静に振り返ってみると、中曽根の時代に小さな政府になったのかと問われたら、必ずしもそうではない。中曽根は大きすぎる政府を是正しようとして、リスクの社会化からリスクの個人化へと舵を切ったが、まだ自民党の伝統はリスクの社会化にあった。

　明確にリスクを個人化したのは小泉純一郎である。もう少し幅を広くとるなら橋本龍太郎の行革から、日本はⅠ・Ⅱ象限の路線とは決別してⅢ・Ⅳ象限へと移行していった。特に小泉はⅠ・Ⅱ象限だった自民党の政治をⅢ象限へと持っていった政治家である。Ⅲ象限はいわゆる新自由主義の路線である。小泉は価値の問題にはあまり関心がなかった。しかし、彼の政策の中心的テーマだった郵政民営化は、市場化、規制緩和、官から民へという考え方の一環として行われ、Ⅰ・Ⅱ象限の自民党政治がⅢ象限へと移行していった。小泉は興味深い選挙手法を採用した。それまでの自民党は再配分を強化することで、様々な業界団体を中心とした既得権益との結び付きを強めてきたのに対して、小泉は「自民党をぶっ壊す」と言って、郵便局などを既得権益とみなして民営化を図っていった。従来の自民党は、様々な業界団体に対して利権を配ることによって、自民党に対する支持や各選挙区での選挙活動への支援をバーターとして得ていた。このバーターだけでは選挙で勝ち切る余裕がなくなってきたこともあって、小泉は自民党が土台としてきた固定票に対して反旗を翻し、「自民党をぶっ壊す」と言うことで、ボリュームが拡大していた無党派の浮動票を得ようとしたのである。こうしてⅠ・Ⅱ象限からⅢ象限へと政治を移行させたのが小泉政治の特質だった。

その後、安倍晋三が登場した。安倍は、Ⅲ象限からⅣ象限へと政治を移行させた。リスクの個人化の路線は引き継いで自己責任社会であるとした上で、価値軸でパターナルな方向へと移行した。特に安倍にとっては歴史認識の問題が大きかったが、政治に極めてパターナルな価値観を持ち込み、清和会の政治を推し進めていったのが安倍内閣だった。

1970年代から現代に至るまでに、自民党政権はⅠ→Ⅱ→Ⅲ→Ⅳの順番でぐるっと一回転してきたのである。民主党政権は、Ⅲ象限にあった小泉構造改革下の日本をⅡ象限へと是正しようとしたが、短期で終わってしまった。したがって、現在の日本では、Ⅱ象限は瓦解をして浮遊していると言えるだろう。

自民党は鵺《ぬえ》のような政党で、その時々の国の在り方によって変化をしていくことが自民党の在り方である。ここ十数年はⅣ象限が強く出ているものの、自民党の中には別の象限に属する立場の政治家もいる。

私が支持しているのはⅡ象限の路線である。リスクの個人化が日本で進みすぎてしまうと、格差の問題が生じて社会が健全に運営されないことに加え、価値の問題について私はリベラルであるべきだと考えている。そして、このⅡ象限こそが「リベラル保守」の立場であり、かつての宏池会の立場である。私は大平正芳や宮澤喜一を非常に尊敬しているが、このラインを保守本流としてもう一度見つめ直したい。

保守とは何か

では改めて保守とは何か。カール・マンハイムは『保守主義的思考』（ちくま学芸文庫）の中で、伝統主義（自然的保守主義）と保守主義（近代的保守主義）を区別すべきだと主張して、こう述べている。

> われわれは、普遍的な人間の本性としての伝統主義と、ひとつの特殊な歴史的・近代的現象としての保守主義とを区別する。

普遍的な人間の本性として、変化を恐れる性質を誰しも持っているとマンハイムは言っている。たしかに、隣家に奇妙奇天烈な人が引っ越して来たら私たちは警戒するし、初めて訪れた外国で外出する時には緊張する。これらは人間が本性として持っているコンサバティブの一つの側面である。この性質を持つことを保守だとみなしたら、誰しもが保守になってしまう。したがって、人間の本性として存在する保守性と政治上の保守主義を区別しなければならないとマンハイムは主張している。

政治上の保守主義を「特殊な歴史的・近代的現象としての保守主義」として定義しようとマンハイムは言う。その保守主義においては、フランス革命が大きな意味を持っている。ただし、フランス革命から保守が生まれたのではなく、フランス革命に反対する思想として保守主義が誕生したことが重要な点である。

保守主義誕生の中核にいたのはエドマンド・バークである。バークはアイルランド人で、フランス革命時にイギリスの政治家を務めていた。周囲がフランス革命に対して礼賛的な態度を示す中でバークは世の中に背を向けて、『フランス革命についての省察』を著してフランス革命への懐疑を表明した。バークの主張を煎じ詰めれば、フランス革命に反映された人間観がおかしい、フランス革命を行っている人々の持つ人間観が簡単には信用できないという主張となる。

フランス革命を行っているジャコバン派の人たちは、自分たちが革命を起こして新しい政治を作り出し、ある種の自作のマニュアルに基づいて政治を行うことで、理想的な政治が実現できると考えている。そこには人間の理性への全幅の信頼がある。ジャコバン派は合理主義的に政治を推し進めれば理想的な政治を構築可能だとする啓蒙主義の立場である。フランスでのジャコバン派の活動を海の向こうから観察していたバークは、彼らの人間観がおかしいのではないかと指摘した。

たしかに私たちには理性があるが、ジャコバン派は理性を無謬の存在とみなす傾向がある。しかし、どんなに頭が良い人でも世界全体を正しく認識することはできないし、理解することもできない。さらに色々な点において人は判断を誤ることもある。人間の理性は無謬ではなく、人間は誤謬を抱え込んだ存在である。そう考えるバークには、フランス革命を行うジャコバン派の人々は理性を過信しているように映った。むしろ真に理性的な人間であれば、理性を過大評価するのではなく、理性の限界を理知的かつ冷静に把握するのではないか。そうしたクールな理性こそが真の理性主義ではないか。真の理性においてフランス革命が行われているのではなく、理性への一種の信仰によって、歪んだ人間観に立脚した社会改造が行われていると感じたバークは、そのことへの異議申し立てを行ったのである。人間は愚かで、判断を間違える存在である。人間が〝perfectivity〟を獲得しえないのと同様に、誤謬を抱え込む人間から構成される社会もまた完成されることはなく不完全な存在として推移していかざるをえないだろうとバークは見立てたのだ。

不完全な人間によって構成される社会を支えているのは、人間の理性を超えた存在であり、無名の死者たちが残して歴史の風雪に耐えた集団的経験値、良識、伝統、慣習、そして超越的存在としての神である。絶対者で完全である神に対して、被造物としての人間は愚かで間違いやすい不完全な存在である。このように考えるバークの懐疑的人間観は、常に神の超越性によって照らされている。自分たちの行き届かなさや理性の不完全性を謙虚に把握してreflective（内省的）に見直す人間の上には常に神がいる。神の立場から見た人間の不完全性を自覚する視点をバークは持っている。したがって、バークが重視するのは個人の理性ではなく、歴史の中で獲得された良識、伝統、慣習なのだ。

しかし世の中は変わっていかざるを得ないので、良識、伝統、慣習などに基づいて徐々に手を入れながら、漸進的に改革を行う必要があり、それこそが真の改革であるとバークは考えた。これが保守の考え方の中核である。バークはこのことを〝reform to conserve〟と表現した。何も変えないことが保守なのではなく、世の中の変化に応じて大切なものを守るための改革を行うのが保守なのだと彼は考えたのだ。

ある京都の老舗和菓子屋さんから聞いた話に、私はなるほどと納得した。その和菓子屋さんはこう話した。私たちは何百年も店を続けているが、味は同一ではない。戦後すぐの日本人が要求した甘さと今の日本人が美味しいと感じる甘さには差があるので、味は変えている。しかし、自分たちの和菓子作りの精神や製法は変わっていない。そうした大切なものを守り、商品として流通させるためには、時代に応じて手入れをする必要がある。このメンテナンスが重要で、長年続いている老舗の神髄なのだと話してくれた。これこそまさに保守の精神そのものであると私は感じた。保守は何も変えないのではなく、大切なものを保守するための漸進的改革を行うのである。

ラインホールド・ニーバーの言葉は、保守の考え方をよく表している。

神よ、変えることのできるものについて、それを変えるだけの勇気をわれわれに与えたまえ。変えることのできないものについては、それを受けいれるだけの冷静さを与えたまえ。そして、変えることのできるものと、変えることのできないものとを、識別する知恵を与えたまえ。

保守は変えるべき対象を見極める知恵を歴史の中に探る。先祖が積み重ねた長い伝統の上で物事を考えるのが保守である。

保守は復古ではない。復古とは、世界中に存在する原理主義の考え方に近い。もとの状態、昔の状態に戻ることを良しとするのが復古主義である。例えば、イスラム原理主義は、ムハンマドの時代がイスラムの最も完成された時期であったからその時代に戻ろうと考える。私が研究してきたインドのヒンドゥー教の原理主義も同様で、「輝けるインド」というスローガンを掲げ、古典時代の素晴らしかったインドへの回帰を志向する。日本でも右翼の立場は復古である。万葉の時代、『古事記』『日本書紀』の時代には、天皇と人民が神のまにまに生活していた。そうした君民一体の共同体こそが日本の理想的な共同体であり日本の国体であると考えるのが日本の右翼の立場である。こうした復古思想を保守はとらない。保守は大昔の人間もまた不完全な存在であり、大昔の時代にもその時代の問題があったと冷静に考える。したがって、昔に戻れば良いという復古の立場を保守はとれないのだ。

保守は反動でもない。反動は現状を維持し、何も変えないことを志向する。しかし、保守は〝reform to conserve〟という漸進的改良を目指すので、現状維持の反動の立場とは異なる。私は保守のスタンスは「永遠の微調整」だと捉えている。微調整をすることが保守にとっては重要で、何も変えない反動とは異なる立場だ。

保守は進歩でもない。左派の進歩思想は、未来に向けて社会を設計すれば社会は良くなっていくと考える。そうした考え方は容易にはとれず、もし理想的な社会を強引に生み出そうとしたら、社会に無理が生じて社会主義国のような疲弊を生み出しかねないと保守は考える。未来に社会が完成するという進化論的な考え方とも保守の立場は異なる。

つまり、復古・反動・進歩という過去・現在・未来をそれぞれ理想化する三つの立場と保守の立場は異なっているのである。保守は、人間が不完全である以上社会も完成はしないという前提に立っている。これが保守の立場である。保守の核心には懐疑的な人間観がある。

こうした保守の思想は、自ずとリベラルな思想へと接近していく。これこそヨーロッパの中核にあった保守の思想に他ならない。保守が持つ人間に対する懐疑的な眼差しは、当然のことながら、自分に対しても向けられる。保守の人は、自分もまた誤謬を犯すことに対して自覚的である。何かを一生懸命に主張しながらも、そこに誤認や誤謬が含まれていることを前提として何らかの主張をするのが保守である。したがって、もし自分と異なる見解を述べている人がいたら、まず耳を傾けてみようと考えるのが保守の立場である。懐疑的な人間観を自分にも向ける保守は、自らの誤謬性に自覚的だからだ。耳を傾けた結果、なるほど彼/彼女の意見にも一定の理があるなと思えば、その意見とすり合わせをして落としどころを探していくことになる。他者との合意形成を図りながら社会の秩序を維持していこうとするのが保守であり、保守政治である。保守は懐疑的な人間観を持つ以上、他者の異なる意見に対して寛容になり、他者との合意形成をしていかざるを得ないのである。

保守は保守であるがゆえにリベラルである。20世紀前半のヨーロッパの保守はファシズムに抵抗したし、20世紀半ばから後半には共産主義に対して、人間に対する過信があるとして保守は抵抗を示した。こうした在り方こそが保守の立場なのである。

保守は青写真通りの社会の進歩を安易に信じることはなく、リベラルな立場を取りながら、他者との合意形成をしながら社会を漸進的に改良することを目指す。このリベラル保守の立場は保守の王道であり本流である。

リベラルな保守が見失われているのが現代日本なのではないか。

第2次安倍内閣から岸田内閣まで、むしろ保守を掲げている人々の方が議会制民主主義をおろそかにして、野党の言い分を全く聞かずに、独断専行で色々な物事を決めるパターナルな態度を取ってきた。これは保守の態度ではない。かつて保守政治家の大平正芳は「政治は60点でないといけない」と表現した。政治で100点を取れると思うこと自体が自己への過信であり間違っていて、残りの40点分に他の人の意見が入る余地があることが政治には大事だと大平は考えていた。だから大平は野党の言い分をよく聞いて、合意形成を図りながら政治を進めていった。

保守政治が保守の美風を失い、極めてパターナルな態度を取っていることは、保守の拡大ではなく保守の衰退だと考えている。現代日本では保守という言葉のインフレが起きているだけであって、保守が思想として深まっているのではない。石破内閣は衆議院選挙の結果、自公で過半数をとることができず、ハングパーラメント（宙吊り議会）となった。この状態は、野党との合意形成が必然的に重要となる。近年の自民党の政治を見つめ直し、保守本流政治への回帰の足がかりになることを期待したい。

リベラルな保守という保守の本流へと回帰して、行き過ぎた格差社会となっている日本の現状を是正して、国民が安定的に社会の中で生きていける社会を作っていきたいと私は考えている。これは本来の自民党の役割だと思っているが、もし自民党がそれを果たせないのであれば、野党がⅡ象限のポジションを取って、自民党のⅣ象限に対するオルタナティブとしての提案をするべきだと考えている。

これが私のリベラル保守という構想である。

現代のポピュリズム

2024年6～7月のフランスの二回投票制で行われる選挙では、極右と呼ばれるRN（国民連合）が一回目の投票で勝利したが二回目の投票で敗れて、左派連合「新民衆戦線」（NFP）が最終的に勝利した。この時に、右派ポピュリズムという言葉が盛んに使われて、RNは批判された。

しかし、ポピュリズムという言葉にはよく注意しなければならない。ポピュリズムは政治学においてはネガティブな意味を持つ概念ではない。ポピュリズムとはポピュラー、つまり大衆・民衆の政治参加を意味する。権威主義的な体制のもとで一部のエリートが政治を行うことへの異議申し立てとして、主権者である民衆が下から政治参加することをポピュリズムと政治学では呼んできた。

例えば、20世紀の南米ではポピュリズムは大きな成果をもたらしたと言われている。そこには独裁政権に対する民衆の下からの反逆というかたちのポピュリズムがあった。したがって、左派はポピュリズムを肯定的な概念として使用してきた。しかし、政治家はこうしたポピュリズムの流れを利用しようとして、自分たちの支持を集めるために、民衆に対して甘い汁や餌を与えた。そのため、ポピュリズムが大衆迎合主義的な立場として認識されるようになってきたのだ。ポピュリズムにはこうした歴史がある。

今起きているポピュリズムとは何なのか。ポピュリズムの持つ性質として、敵を作りやすいという問題がある。南米の例では、「あの独裁者が悪い」として、権力に対して民衆の力が向かっていった。敵を明示して、敵に歯向かう力で民衆を鼓舞するのはポピュリズムの典型である。ヨーロッパやアメリカで起きているポピュリズムは、こうしたポピュリズムとは少し性格が異なる。

例えば２０１６年と２０２４年にはアメリカの大統領選挙でトランプが勝利した。アメリカは圧倒的な格差社会で、政治から見捨てられた人々が存在していて、そうした人々がトランプにしがみついたためにトランプが勝利したのだ。イギリスのブレクジット（ＥＵ離脱）を引き起こしたり、フランスの極右台頭の流れを生み出したりしているのも、そうした政治から見捨てられた人々である。つまり、現代のポピュリズムの背景には、世界が新自由主義化して99％と１％に分断されていることがある。多くの人が物価高などで生活が苦しくなっている中で政治が自分たちを見捨てていることへの不満を吸収している側面がポピュリズムにはあるのだ。

いわゆるポピュリスト政治家が支持を集めるために移民の排撃を主張している。本来自分たちが享受すべき利益が移民に使われているから困窮しているので、移民を排撃すれば生活も良くなるという主張がなされる。トランプも、ヨーロッパの極右政党も同じように移民の排撃を主張している。かつては、エリート支配に対抗するためのポピュリズムだったが、今のポピュリズムはエリートによって特権を与えられている移民などの集団を排撃しようとしているのだ。ポピュリズムが反移民などの右派的な現象に繋がっているがために、ポピュリズムが右派に見えている。しかし、本来はポピュリズムは右派でも左派でもなく、右派とも左派ともくっつきうる現象である。多くの人の経済的な苦境が存在する背景がある中で、排外的な言説と結びつくことによって、現代のポピュリズム現象が出現していると考えている。

こうしたポピュリズム現象は日本の政治にも現れていて、例えば維新の会の政治はそうしたポピュリズムである。維新はグレートリセットと称してこれまでの在り方を破壊しようとし、一部に存在する利権・特権を得ている集団を敵として認定する。維新の場合では、大阪市役所の組合や生活保護受給者などが標的とされている。こうしたポピュリズムが左派に対する攻撃に見えるために右派ポピュリズムとして捉えられることが世界の共時的な現象であり、ここ20年の日本でも広まっている。私はそうしたポピュリズムの動きは少し落ち着くべきだと思っている。

もちろん、ボトムアップ型の民衆の政治参加は重要だが、一方で、直接民主主義には危うさがあると考えている。日本の間接民主制にもまた叡智が込められていて、民衆の暴走や大衆の一時的な熱狂を政治の中核へと直接伝えないためのブロックとして機能している。全てのポピュリズムを安易に良しとすることはできず、当然エリート中心の上からの政治もまた行き過ぎた権威主義体制になるリスクがある。そのバランスをどのように取るのかが問われているが、日本ではこのバランスが上手に取れていないと受け止めている。

日本は明らかに小さすぎる政府かつパターナルという状況なので、私はその状況を是正するために、リベラルな価値観とリスクの社会化の方向性が必要だと思っている。このビジョンが自民党内で実現できればそれでよい。石破茂首相はⅡ象限に属する政治家だが、党内の味方は少ない。むしろ野党政治家との方が考えが近い場合がある。私は自民党と立憲民主党、国民民主党が手を組むことも選択肢の一つだと考えている。

選挙制度改革：中選挙区制限連記制

日本の政治をより機能させるために、選挙制度の変更も検討すべきだ。具体的には、小選挙区制から中選挙区の制限連記制にすべきだと考えている。

小選挙区制では、一人しか当選者が出ないため、候補者はマイノリティーに耳を傾けることはせず、マジョリティーの声を聞いて多数の票を獲得することを目指す。仮にある選挙区で与党と野党が一人ずつ候補者を擁立したとしても、両者が似たような主張をするようになる。それはボリュームが一番多い真ん中の立場を取り込もうとするからである。候補者の主張に大差がないのであれば投票へ行く必要性も低くなり、投票率の低下が起きる要因にもなる。小選挙区制においては、こうした二択しか存在せず、しかも二択が似たような選択肢であるという状況が起こりがちである。

しかも日本は小選挙区制ではなく、小選挙区比例代表並立制である。比例代表制があることで小政党が議席を獲得するため、連立政権となり、二大政党制にはならない。小選挙区制導入の当初は、新制度の導入によって二大政党制となって政権交代が起きるとされたが、現実はそうならなかった。さらに小選挙区制では、党の力が強くなる。私の師匠である西部邁《すすむ》は、世の中が小選挙区制賛成で一色に染まっている中で、小選挙区制に反対していた。小選挙区制にしたら、党内での議論がなくなると西部は主張していた。小選挙区で一人しか当選しないのであれば、党の候補者は公認を得るために党の幹部の言い分に従順になっていく、そうすると党内で闊達な議論が起きづらくなり、保守にとって致命的な状態になると西部は考えたのである。自己懐疑を持ちながら他者との間で合意形成することで生まれる保守のダイナミズムが失われ、個人がいなくなり党人の群れになることを彼は危惧した。私もその通りだと思う。小選挙区制において党の力が異様に強くなることは大きな問題であり、小選挙区制は行き詰まりを迎えていると考えている。

一方で、かつての中選挙区制に戻しても、問題がぶり返すだけだろう。中選挙区連記制、つまり中選挙区で複数人に投票できる仕組みが望ましいのではないか。私が考えるのは当選者を五人出す「五人区」を作った上で、三人に投票できる制限連記制という制度である。完全連記制をとると、例えば三人区で三票投票可能という仕組みだが、それでは小選挙区制と同じような結果が生じる。制限連記制は選挙区の定数より少ない複数の票を投じる制度なので、投票先の組み合わせを考えることができるようになる。そうすると、自民党二人に投票して、残りの一人は野党にするといったケースが出てくる。また、無所属や少数政党でもしっかりとした意見さえ持っていれば、自分の力で当選することも可能になる。例えば原発の問題に非常に詳しくて具体的な政策を持つ政治家が無所属で当選して、政治活動を行うようなケースも起こる。三票を持っていれば、そういう候補者に一票入れようと考える有権者も出てくるはずだ。私たちは一つの意見だけ持つ単純な存在なのではなく、様々な事柄への色々な意見を持つ複雑な存在である。複数の票を投じられることで、市民の選択の幅が広がることは良いことだと思っている。

中選挙区制限連記制を導入したら多党の連立制になるだろう。その連立の組み換えによって色々な物事が変わる政治になるはずである。中選挙区の連記制には問題もあり、悪ふざけで立候補した人が当選する可能性も高まってしまう。しかし、今の小選挙区制の是正を考えるヒントとして、中選挙区連記制は検討の余地が十分にある制度だと考えている。

かつての中選挙区では有権者は一票しか投票できなかったので、自民党などの大きな政党では同士討ちが起きていた。例えば、群馬では中曽根、小渕、福田がいて票を取り合っていた。そのため党内で対立が生まれ、派閥政治が誕生した。しかし、有権者が複数票を持っていれば、党内での同士討ちはなくなるので、今の自民党にとっても中選挙区連記制は採用可能な制度だと考えている。

野党にとっても中選挙区連記制は望ましいだろう。選挙前の強引な野党共闘の必要がなくなるからだ。野党がそれぞれの候補者を擁立した結果、野党の当選者が増えれば、そこで初めて多党の連立を組む協議を行えるようになる。選挙前に野党同士が無理に立候補者を調整する必要がなくなる。この10年間で野党共闘が難しいことは分かったのだから、選挙の結果を見てから野党が組む方がよほど現実的である。

政治の在り方を変えるためにも、こうした政治制度の議論をすべき時だと感じている。

第Ⅴ章 日本のメディアの構造問題

神保哲生

写真／共同通信社

神保哲生［じんぼう・てつお］

1961年東京生まれ。15歳で渡米。コロンビア大学ジャーナリズム大学院修士課程修了。AP通信など米国報道機関の記者を経て独立。99年、日本初のニュース専門インターネット放送局「ビデオニュース・ドットコム」を設立。代表・編集主幹に就任、現在に至る。主要な取材テーマは地球環境、国際政治、メディア倫理など。地雷リポートでギャラクシー賞特別賞受賞、『ツバル　地球温暖化に沈む国』（春秋社）で2005年大宅壮一ノンフィクション賞最終ノミネート。

民主主義におけるメディアの役割

日本のメディアは大きな構造的問題を抱えている。そしてメディアが抱える構造的問題は、メディアという一業界の問題だけにはとどまらず、今の日本の様々な惨状を生み出す最大の原因になってしまっていると私は考えている。民主主義国家の運営には正常に機能するメディアが必要不可欠だからである。

日本は民主主義国で自由主義経済体制なので、市民が有権者、納税者、労働者、消費者という立場で、自らが得た情報をベースにあらゆる選択をしている。誰に投票するのか、税金が正しく使われているのか、労働条件は適切なのか、どの商品を買うのか、そうした日々の市民の判断のベースには情報がある。

ただし、世界や日本あるいは自分の住む地域、所属する会社や大学などのコミュニティーで何が起きているのかについて、市民が当事者として知れることはほとんどないに等しい。当事者ではないのに何かを知っているのだとしたら、そこには必ずメディアが介在している。そのメディアが機能不全に陥っていたり特定のバイアスがかかっていたりすると、市民が自らの不利益になる選択を強いられてしまう可能性が高い。

ちなみに、バイアスというと政治的、思想的なバイアスばかりが注目されるが、それと同等以上に注意を払うべきバイアスがもう一つある。それはメディアが、本来はチェックされなければならない制度や組織がチェックしていなかったり、メディア自身が当事者であるためにメディアにとって不都合なことが報じられなかったりする「報じられないバイアス」である。

もちろんメディアが正常に機能してさえいれば、国家が繁栄し市民が豊かに幸せに暮らすことができるというわけではない。その意味でメディア機能は民主主義の十分条件ではないが、少なくとも一丁目一番地と言ってよい必要条件ではある。メディアが健全に機能して十分な情報を市民が得ていたとしても、結果的に市民一人一人が正しい選択を下せるかどうかは別問題ではある。市民が常にクレバーだとは限らないからだ。しかし、市民が正しい選択をするのに必要な情報が欠如していたり、情報に特定のバイアスがかかっていたりすれば、メディアはその最低限の役割すら果たせていないことになる。

情報公開請求の際に黒塗りだらけの文書が出てくると、人々は黒塗りの割合の多さに驚く。だが実は我々が日常的に触れている普段の報道もまた黒塗り文書状態である。黒塗り文書は黒塗り状態が視覚化されるので人々は驚けるが、報道の場合は黒塗りであることが視覚化されないので驚くことさえできない。本当は伝えられるべき情報が報道されておらず、マスキングされている状態であっても、市民はそのことに気づけない。私から見ると、日本の報道はかなり悪質な黒塗り状態である。

実際、国境なき記者団による報道の自由度ランキングにおいて、日本は先進国の中でビリどころか、アフリカや中東の国々の後塵を拝している。最新のランキングでは70位だった。こうしたデータからも日本のメディアに何かとてつもなく大きな問題があることは明らかである。

我々市民は政治や行政機関に様々な権力行使を付託しているが、その権力が正しく行使されているかどうかは一人一人の市民にはチェックしきれない。トマス・ジェファーソンが友人への手紙で、プレスなき政府と政府なきプレスのどちらかを選ばなければならないとしたら私は政府なきプレスを迷わずに選ぶ、と記している。プレスが情報を市民にきちんと届けていれば、民主主義は政府がなくても機能するが、プレスがないのに政府という権力の集中する機関ができれば大変危険な事態に陥る恐れがあるということだ。今の日本は明らかにプレスなき政府の状態である。

メディアの問題を考える際に、基本的かつ重要な知見がある。それは、メディアが機能していないことは我々には認識ができないということだ。メディアの世界でよく使われる表現として、「我々は何を知らされていないのかを知ることはできない」というものがある。ある意味で当たり前のことのようだが、もし何らかの情報を知らされていないことが分かっているのであれば、その人は既にその情報を得ている。ここにメディアの問題の特殊性がある。特に日本の場合は、日本語のメディアにしかアクセスできていない人は、日本の報道がいかに異常かを日頃の生活では意識できない。問題意識が共有されないために、いつまで経ってもメディアの問題が解決されずに温存されてしまっている。

しかしながら、メディアに問題があるからといって政治がメディアの制度を変えたり法律を作ったりするとなると、それはそれで問題が多い。憲法の第21条に記された表現の自由を侵害しかねないからだ。政治のメディアへの介入を許してしまえば、政治にとって都合のよいメディア構造が作られてしまう危険性がある。結局のところ、メディアを変えるためには市民がメディアの問題に気付き、メディアの利用の仕方を変えていくしかないのである。しかし、我々は何を知らされていないのかを知ることができないために、メディアの問題を市民が認識することは難しいというジレンマに陥ることになる。

日本メディアの三大問題

完璧なメディアを持つ国など存在しないが、とはいえ、日本以外の国ではメディアはもう少しまともに機能していたり、特定のメディアに問題があればそのことが市民に認識される仕組みがある。だが、日本のメディアには決定的な弱点があるために、メディアの問題が認識されにくくなっている。その決定的な弱点とはメディアが一握りの大手資本によって支配されてしまっていることである。

日本では新聞とテレビが資本で結ばれており、両者が系列化することに事実上何の規制もない。マスメディア集中排除原則という総務省の規定はあるが、その規定は同一地域で複数のテレビ局を保有する場合の資本規制や、一つの資本が保有できるテレビ局や放送局数の制限にとどまっており、新聞やテレビの系列化については制限がない。つまり、日本では新聞とテレビを同時に保有するクロスオーナーシップが制限されていないのである。

今でこそ新聞の影響力は落ちているが、テレビが登場するまでは新聞が最も世論への影響力があるメディアだった。テレビが登場してからは新聞とテレビの二つがメディアの中心だった時代が長く続いた。いつの頃からか新聞を読む人の数が減り、今はテレビも一見すると影響力を弱めているように見える。しかし、新聞とテレビという世論に最も影響力のあるメディアがクロスオーナーシップによって共同化していることの弊害は、かつては物凄く大きかった。その後遺症を今も我々は引きずっている。

クロスオーナーシップはアメリカではもともと禁止されており、他の多くの国でも制限がある。その理由は、第一義的にはメディアの多様性が損なわれないようにするためである。例えば、アメリカのある地域に新聞が3社、テレビ局が3局あるとすると、そこには一つのイシューに対して六つの言論が存在する。しかし、もし新聞とテレビがクロスオーナーシップとなり系列化してしまえば、言論の数が三つに減ってしまう。

実際、日本における主要な政治的イシューにおいて、日本テレビと読売新聞のスタンスが大きく異なるものは一つもない。テレビ朝日と朝日新聞も同様だ。ＴＢＳと毎日新聞は、毎日新聞が深刻な経営危機に陥ったために、今は厳密な意味での資本関係はないが、系列化は続いている。それはフジテレビと産経新聞、テレビ東京と日本経済新聞についても同じだ。このような系列化を防ぎ言論の多様性を担保することが、クロスオーナーシップ禁止の大きな理由だ。

しかし、実は言論の多様性以上にクロスオーナーシップが禁止されるべき理由がもう一つ存在する。それは世論に最も影響力がある二つのメディアである新聞とテレビに相互批判能力を持たせるためである。

例えばテレビ局の免許の問題のように、テレビ局固有の利害に関わる問題は色々あるが、当事者であるテレビ局がこれを中立的・客観的に報じるのは難しい面がある。しかし、新聞はそうしたテレビ局固有の問題とは無縁なので、中立的な立場からの報道が可能なはずである。しかし、クロスオーナーシップによって新聞とテレビ局が一体化して利害が一致すると、主要なメディアプレイヤー同士の相互批判能力が失われてしまう。

一方、新聞にも新聞固有の問題がある。例えば、今でも日本は新聞の再販制度を維持している。新聞は月額約4000円という高価な購読料が定価として設定され、販売店による割引が許されていない。もし新聞の販売店が売上を伸ばすために新聞を割引価格で販売したら、新聞社は新聞を卸さなくしたり卸価格を上げたりすることが許されている。これは本来は優越的地位の乱用であり独禁法違反に当たる行為なのだが、再販制度のもとで特殊指定を受けている新聞には独禁法が適用されない。

この再販制度は新聞に固有の問題であり、テレビ局は直接的には無関係であるが、クロスオーナーシップがあるために、テレビで再販制度が扱われたことはほとんど皆無だ。実際、再販制度は多くの消費者に少なからず影響を与えているのに、新聞もテレビもほとんどこれを報じないため、多くの人はほとんど聞いたこともないだろう。

再販制度のもとでは、新聞、雑誌、書籍、音楽ソフト（レコード、CD、DVD）が独禁法の適用除外となっていて、事実上価格が統制され、市場競争が免除されている。しかし、これら4品目は市民にとってとても身近なものであって、市民が興味を持たないマイナーな商品では決してない。それなのに市民の多くが再販制度を知らないのは、主要メディアで再販制度が全く扱われてこなかったからだ。新聞の世界だけでなく、クロスオーナーシップによって新聞と系列化しているテレビの世界においても再販はタブーワードなのである。

また日本には記者クラブという制度がある。記者クラブの本質的な問題は、大手の新聞・テレビと二つの通信社（共同通信、時事通信）が、行政機関が持つ情報への独占的かつ排他的なアクセスを持っていることである。新しいメディアが新規参入した場合、海外であれば新しいメディアにも既存のメディアと同等の情報へのアクセスが保障されているが、日本で新規参入するメディアは記者クラブに入れないため、最低限の情報へのアクセスすらできない。そのため新規参入の障壁が高くて事業としての成り立ちづらいので、新たなメディアに大きな投資をしようとする人が日本ではなかなか現れない。

だからこそ、これまでに日本でメディアに参入したい人は、新しいメディアを始めるのではなく、既存のメディアを買収するしかなかった。ソフトバンクグループの孫正義さんによるテレビ朝日の買収計画、元ライブドアの堀江貴文さんによるフジテレビの親会社だったニッポン放送の株の取得、楽天グループの三木谷浩史さんによるＴＢＳ買収計画などである。彼らはそれぞれの分野ではチャレンジャーとして一から事業を興してきたが、メディア業界に進出する際には既存のメディアを買収しようとした。チャレンジ精神を持つ事業家たちがなぜ古色蒼然たる既存のメディアを買うのか。それはメディアを買収するのが手っ取り早いというだけでなく、新規にスタートアップを立ち上げても、記者クラブに入れなければ最低限の情報へのアクセスができないため事実上メディアとして機能することが不可能だからなのだ。

記者クラブは、政府側から見れば、情報統制をするためにこんな便利な仕組みはない。政府は記者クラブに情報を出しているだけでなく、記者クラブ用の部屋を官庁に用意している。記者クラブに配属された記者は、官庁の役人と同じように毎日そこへ登庁する。記者は一日中そのクラブの部屋にいて、交流する相手は基本的に役所の人間だけである。

そういう環境で記者クラブの記者として数年間働いていたらどうなるか。日本のメディアで働く記者は海外の記者と比較して高学歴で難関大学出身者が多い。国家公務員を目指していたが挫折して記者になったという人も少なくない。役人と親和性の高いそうした出自を持つ記者が数年間毎日登庁して、役人からレクという名のある種の洗脳儀式を受け続けると、官僚がメディアを統制する必要さえ次第に失われていく。記者が官僚と同じような世界観・観点でしか物事を見られなくなっていくからだ。記者は霞が関的、官僚的世界観に基づいて日々の取材をして、何がニュースなのかという編集判断も言わば官僚流の上から目線に自然となっていく。要は、日本ではメディアが政府に抱き込まれてしまっているのだ。

記者クラブは、政府側にとって好都合なだけでなく、メディア側にとっても苦労せずに情報を得られる便利な仕組みだ。記者クラブという狭い世界の中では、他社を出し抜く、他社に出し抜かれるという疑似的な競争はあるが、そんなものは外部から見ればどんぐりの背比べのような、意味のない競争でしかない。記者クラブは政府から与えられた特権だが、その特権によって政府からの情報統制を受けやすい立場にメディアは自らを置いており、メディアの存在意義自体が記者クラブによって棄損されている。

クロスオーナーシップ、再販制度、記者クラブという既存の大手メディアが持つ三つの特権が、同時に三大障壁として日本のメディア業界の構造的問題を生み出していると私は考えている。

軽視される取材

記者クラブを通じてメディアが政府と一体化した結果、政府からの統制色が最も強い報道の領域こそが、既存のメディアが一番優位性を持った領域となる。報道以外の領域では、ネットメディアなどの参入もあって既存のメディアは優位性を維持することが難しくなりつつある。ドラマにしても然り、スポーツにしても然りだ。例えばエンタメの領域では、テレビ番組ではなくYouTubeの動画だけを見るような若者も増えてきていて、既存のメディアはこれからもシェアを失っていくだろう。また、Netflixなどの参入によりドラマやスポーツでは既存のメディアがネットメディアの後塵を拝することも多くなってきた。しかし、こと報道に関しては二つの大きな理由があって、既存のメディアが依然として99％のシェアを持っていて、新規参入のメディアは1％も切り崩せていないのが実情だ。

最近、知ったことを言うような人は、「僕はほとんどテレビや新聞を見ずに、ネットで情報を取っている」みたいなことをどや顔で話す。しかし、インターネットで出回っている政治や経済に関わる情報のおおもとは99％が記者クラブだ。ネット上に膨大に溢れている報道関連の情報は、ほとんど全て自らが取材をして得た情報ではなく、記者クラブから出てきた情報に論評や分析を付け加えただけの二次加工されたいわゆる「コタツ記事」でしかない。

本物の報道にわずかでも携わったことのある人であれば誰もが知ることだが、報道の肝は取材である。しかし、取材にはお金も時間もかかる。取材へ行ってもネタを取れるとは限らない。むしろ、ネタが取れないことの方が多く、ほとんどの取材はダメもとで行われている。メディア以外の企業であればダメもとで人を動かすことは正当化されないだろう。だから一般的な意味の優秀な経営者は、売上やスポンサー広告などの数字が期待できるネタだけを取材させて記事にするが、社会的には重要ではあるが数字は期待できないネタはそもそも取材さえさせないだろう。経済的な合理性だけで考えたら、その方が正しいのである。

しかし、経済的な合理性だけで取材を選んでいては報道など成り立たない。報道は収益性と公益性の間にある非常に細い線をどちら側にも落ちないように上手に歩くことが求められるビジネスなのだ。

取材は最も手間がかかり、儲けが確約されておらず、そのくせ高い能力が必要とされる。能力が高い人間であってもリターンが必ずしも期待できないのに、膨大な時間もお金もかかる。そのためそうした取材は、既存の大手メディア以外はほとんどそれを支えられる体力がない。たしかに、袴田事件のように特定のテーマではフリーのジャーナリストが、独自に取材を続けているケースはあるが、そうしたケースは例外的である。日々のニュースでは現場に取材に来ているのは、ほぼ記者クラブの記者だけだ。

つまり、ネットで流通するおびただしい数の情報はほとんど全て、おおもとの情報は記者クラブから発せられたものであり、記者クラブが情報の元栓を握っているのだ。他のメディアは記者クラブが蛇口を捻って出てきた水に色を付けたり、味を付けたりしているだけなのだ。これは分析であったり論説の場合もあり、単にディスるだけのものもある。そうした加工にも多少は意味があるが、所詮は記者クラブを通じて政府と大手メディアが作った土俵の上で踊っているだけだ。そうした構造があるから、私たちは何を知らされていないのかを知ることができないのだ。

記者クラブという仕組みには取材のリスクを最小化してくれるという側面がある。報道を民間事業として行う場合に必然的に発生する取材という、最も非効率ではあるが同時に命綱にもなる行為のリスクを軽減してくれるのだ。記者クラブへ行くだけで、政府や官庁からの情報を排他的に入手できるからだ。ただ、この効率性は政府・官庁から出された情報だけを報じるという、事実上広報の立場に甘んじることと引き換えに得られている効率性であり、権力をウォッチするという報道の使命や存在意義とは真っ向から相反するものとなる。

政府とメディアの一体化

政府の立場から見れば、メディアの分断統治が上手に機能しているとも言える。本来、メディアは政府を監視して政府にとって好都合か不都合かに関係なく、重要なことを社会に知らせる社会的役割を担っている。しかし記者クラブという一部のメディアを優遇して特権を与えることで、政府はメディアを記者クラブメディアとそうでないメディアに分断統治することができる。情報を与えられた記者クラブメディアは政府に不都合なことは書かない一方で、何でも書ける立場にある非記者クラブメディアには情報を与えないようにすればいいだけだ。

記者クラブに加盟する条件は、日本新聞協会の加盟社であることだ。協会の加盟社であるという条件を設定して、条件を満たしたメディアにだけ取材をさせる。そうすると条件を満たしたメディアは、特権的な地位を享受する代わりに、その地位を失わないために政府との関係を重要視するようになる。当初はメディア側も多少報道に手心を加える程度だったかもしれないが、そうした関係が長きにわたり続いてきた結果、今では政府と大手メディアは完全に同質化している。手心を加えているという意識すら大手メディアにはなく、政府と同じような価値観や世界観でしか物事を考えられなくなっている。

そうなると政府はメディアをコントロールする必要すらなくなる。役人の立場からすれば、自分たちが良かれと思ったことをやっているだけで、メディアもそれを当然視しているのだ。分断統治のルールであり洗脳装置でもある記者クラブの怖いところでもあり、危険性でもある。

メディアの側も、政府からの圧力で今のような報道になっているという意識はほとんどない。官僚と同質化した価値観に則って、正しいと信じた報道をしているのである。その意味で、病理はより深刻であると言える。もはや、本当はそのような報道はしたくないが、特権を失わないために仕方なしにやっているという自覚さえもないのである。かつては、そうした意識がメディアにも多少あったので、記者たちが仕事のあと酒を飲みながら不満をぶつけ合うようなこともあった。しかし、記者クラブをはじめとする今のメディアを取り巻く構造が完全に制度化され構造化されたら、最初からそのような制度の中でメディアと接して育ってきた若者が今や現場の中心を担うようになっている。彼らには本来のメディアはこうあるべきだけど今は仕方なくこうなっているという意識はなく、今の制度がデフォルトなのだ。病変が血や肉の一部になってしまったということだ。

メディアの構造にこのような本質的な問題があるがゆえに、日本で報道される情報には東京中心、霞が関中心、大企業中心のバイアスが自然にかかる。そして、メディアにこうした構造的問題があるということはもちろん、こうしたメディアでは一切指摘されず、報道の99%を大手メディアが握っている現状では、日本中がそうした報道に洗脳されることから避けられない。

ウクライナでの戦争を直接目にした人は日本にはほとんどいない。アメリカの戦争研究所が出した地図をもとにした報道を私たちは鵜呑みにせざるをえないが、それがどれほど正確かを確かめることは現実的には不可能である。冒頭に述べたように、私たちは基本的にメディアを通じてしか世界の情報を得られないのだ。

メディアと市民

こうしたメディア構造が社会にもたらす影響は多岐にわたるが、例えば経済領域において日本とアメリカを対比してみれば、その影響は一目瞭然である。

企業の時価総額のランキングにおいて、アメリカではAmazon、Meta、Google、Teslaといった新興企業が上位に並んでいるのに対して、日本はトヨタ、NTT、三菱UFJ銀行、三井住友FGと伝統的な企業ばかりが並んでいる。特にIT系の新興企業がアメリカでは続々と出てきているのに、日本ではNTTやKDDIなど昔ながらの企業が依然として強い。NTT法や放送法の存在からも分かるように、日本では伝統的な企業が守られ、新興産業が育っていない。確かに、そうした伝統的企業が電通や博報堂を通じてマスメディアに大量に広告出稿をしているが、だからといってそれだけが伝統的企業の権益を保護する政府の政策に対する批判的な報道が出ない理由ではない。メディア自体が伝統的企業であり新規参入を拒みたい立場であるために、彼らの思考がそちらに大きく偏っているのだ。

1995年頃に、日本の一人当たりGDPなどの競争力の指標が世界でトップになった。1991年にバブルがはじけて成長は鈍化したが、その後も1995年頃までは成長は続いた。成長がピークアウトしたのが95年だった。95年は日本の生産年齢人口のピークでもあった。その頃にインターネットが普及して情報通信革命が世界的に始まったが、その段階で競争力が世界1位だったはずの日本からは世界で通用するITサービスは出てこなかった。そして、それから30年経った今も、NTTやKDDI、メガバンクのような会社ばかりがトップ企業であり続けている。この産業構造を変えられない限りは、日本は失われた30年を取り戻すことはできないのではないか。

もちろんメディアが変われば一夜にして全てが上手くいくわけではない。しかし、はっきりしていることは、メディアが変わらなければ何一つ上手くいかないということだ。日本が現在の閉塞を打ち破るために、メディアが変わることは必要最小限の条件である。その上で、人々がどれだけ正しい選択をできるかによって日本の将来は決まるが、今のメディア構造のままではどう転んでも日本は沈み続けるしかないだろう。

メディア問題は日本の行く末を大きく左右するのだから、とにかく何とかしなければいけない。しかしその解決方法が難しい。先述の通り、メディア問題を解決するために政治が介入するべきではない。解決策の一つは、明らかに不利で不当な競争を強いられることを理解しつつも、メディア業界に新規参入する物好きなドン・キホーテが増えることだ。ドン・キホーテと少し自虐的な表現をしたが、使命感を持った人がもっとメディア業界に増えれば、既存の構造や問題を少しずつ切り崩していけると思う。ただ、最後の最後は、情報の受け手である市民一人一人の意識にかかっている。

その意味でもメディアを取り巻く状況は悪い。直近の都知事選では、蓮舫さんが取り込むべき若年層の無党派層の半分以上が石丸伸二さんに流れた。石丸陣営の選挙運動の特徴は、若年層がテレビや新聞を見ていないことを前提として、ウェブメディアを駆使する戦略である。その戦略を一言でいえば、「切り出し20秒」である。

かつて私たちは六つ程度のテレビチャンネルを次々に切り替えてザッピングしていたが、今のネットには無数のコンテンツがあり、しかもアクセスの多いコンテンツはオススメとしてプッシュされるようになっている。ネットのアルゴリズムが、視聴者に広告を見せるために高度に発達しているのだ。一度特定の商品のコンテンツを見たら、その商品に似た商品ばかりが延々とプッシュされるようになったというような経験は誰しもあるだろう。政治的なコンテンツも同じような状況である。石丸さんには政策がないと言われていたが、そもそも20秒だけでは具体的な政策について語れるはずがない。面白がられたり賢いなと思わせたりする20秒の切り出し動画を量産して、その動画が拡散されたことで若者層の関心や認知度が爆上がりしたのだ。

報道についても肝心の取材をしないで、情報をネットで拡散してアクセスを稼ぐノウハウばかりが発達していくと、報道はこれからますます空っぽになっていくだろう。20秒で何か意味のあることを報じることは、ほとんど不可能である。そもそも20秒の動画を拡散させて、広告を見せる目的なら、人間を介さずにＡＩに動画を作らせた方がはるかに効果的、効率的に違いない。

報道とＡＩ

ＡＩが報道にどのような影響を与えるかについては非常に興味を持っている。結局のところメディアで何が報じられるかというのは、その報道機関が置かれている政治的、経済的な立場に依存した世界観次第である。政府におんぶにだっこで特権的な地位を享受していることが、何をニュースにするか、個々のニュースをどう報じるかという日本のメディアの報道の在り方に大きく影響している。

もしＡＩが報道すべき情報の選択過程に介在すると、報道はどう変わるだろうか。もちろんアルゴリズム次第ではあるだろうが、私が恐れているのは、学習能力を持ったＡＩがニュースとして選んだ情報の選択基準や根拠がそのサービスの提供者にも説明できなくなるような事態である。私は既存のメディアが置かれている状況を分かっているので、そこから帰結するバイアスや不都合な真実が理解できたり、視聴率・部数などの数字が伸びるニュースを報じたいという既存のメディアの動機が理解できたりするが、もしＡＩによるフィルタリングだけで情報を取捨選択するようになったら、そうしたことは何も分からなくなるに違いない。これは恐ろしいことだ。

ＡＩが導入されれば、メディアの利害関係による報道内容への影響は克服されるかもしれないが、克服された果てに出てくる報道や情報がどのようなものになるのかはわからない。特にＡＩのアルゴリズムをコーディングする人が持つ立場上のバイアスについては十分に理解する必要があるだろう。

このように考えてくると、教科書的な話になってしまうが、主体的に判断する複数のメディアがあることが社会が健全性を維持するためには不可欠な条件となる。その複数のメディアの中には、情報源の偏りも立場の偏りもあるが、ともあれ自分たちなりの判断をするメディアが複数あることは民主主義が機能するための大前提である。ＡＩ導入による報道への影響はまだまだ検証が必要であり、民主主義の根幹をなす報道の領域にＡＩを軽々に持ち込むべきではないと考えている。

ジャーナリズムについて

ジャーナリズムには基本的なルールがいくつかある。一つは、ファクトベースであること。また、ジャーナリズムがアクティビズムと一線を画するのは、ジャーナリズムが、自分たちに不都合なことも報じることだ。さらには、記事を読んだことで対象となる事象への見方や評価が変わるような情報には必ず報いること。こうしたことが基本的なルールとして私が学んだコロンビア大学のジャーナリズムスクールでは教えられている。

民主主義社会、自由主義社会において市民は投票を通じて代議員に権限を付託するが、一旦は託してしまうと、その権限がどのように行使されているかの実態を個々人が把握することは難しい。権力行使の実態を可視化するために、我々と行政機関の間にある壁に穴を開ける作業を行うのがジャーナリズムの役割だ。それによって市民による正しい投票行動や消費行動の一助となることが、ジャーナリズムの大きな目標であり目的となる。

穴を開ける場所、つまりメディアの立ち位置は自由であるともスクールでは教えられる。壁の真ん中に立つ必要はなく、右に立っても左に立っても良い。多様なメディアがあり、壁の色々なところに穴が開いて向こう側がよく見えるようになればそれでいい。

ただし、穴の開け方にはルールがある。そのルールを守れるかどうかがジャーナリズムとそれ以外を隔てる。そのルールとは、穴は真っ直ぐに開けなければならないというルールである。それが事実関係に対するこだわりであり、公正原則であり、利益相反の禁止という言葉で表現される。斜めに穴を開ければ、壁の向こうに見える実像が歪んでしまうし、おかしなフィルターがかかっていても、実像は歪む。一つの穴を開けるだけでは、壁の向こう側の全体像まで見えないが、色々な穴があちこちで真っ直ぐに開くことで壁の向こうの実像が市民によりよく見えるようになる。

日本の場合は、穴が極端に一か所に固まっている。朝日新聞と産経新聞はスタンスが大きく異なるように言われるが、ストライクゾーンの中のわずかな違いに過ぎないように私には見える。どちらも体制派であり権威主義的だ。少なくとも市民派ではない。でもそれは当たり前のことだ。なぜならば、朝日も産経も記者クラブに依存した報道機関でしかないからだ。彼らが報じない出来事や情報の中に、大事なものがたくさん眠っている。例えばある冤罪事件が起きた時に、なぜか事件発生当初は重要な情報をどこも報じていなかったと後に明らかになることがある。それは当たり前の話で、メディアが警察のリーク情報しか報じないからそうしたことが起きる。

メディアを志す人や、メディアを理解しようとする人に対して、声を大にして伝えたいのは、ジャーナリズムの根本が取材だということだ。私はジャーナリストであると同時にビデオニュース・ドットコムの経営者であり、編集責任者でもあるのでよく分かるが、経営者にとっては取材が一番の悩みの種でもある。記者が一日かけて取材をしてもわずかな情報しか集められないことも多い。だからといって、取材の効率を過度に重視したら最低限の事実関係を押さえるために5W1Hだけを聞くような表層的な、つまり薄っぺらい取材になりかねない。しかし、ある事件や事故が起きた時に、単なる事実関係だけでなく発生に至った背景こそが重要な意味を持つことは多々ある。

取材は手間暇がかかる大変な行為で能力も必要とされるのに、実際に取材をしている人が日本ではとても少ない。私の一つのモットーでもあるが、「何かになろうとする人は多いが、何かをやろうとする人は少ない」という言葉通りである。ジャーナリストになりたい人は多いが、実際に取材をする人は少ない。記者クラブは問題だらけではあるものの、まだ一応は現場の取材をしている。現場に行く記者がもっと増えなければならないし、現場できちんと取材できるような記者が増えなければならない。

記者クラブ以外は政府の取材の重要な要素である記者会見にさえ参加させないという日

本の記者クラブ制度は論外だ。報道の自由度ランキングが大きく下がっている最大の要因は、記者クラブによる情報の独占であり、そこに起因する政府との癒着だ。こうした日本のメディアの問題点は、ランキングを作成している国境なき記者団もよく理解している。日本では、新規参入するメディアがほぼ出てこないし、出てきても入口のところで大変な苦労をする。日本は、政府と癒着していないごくごく普通の真っ当なメディアがほとんど存在しないとても不幸な国なのだ。真っ当なメディアが複数存在することは、民主主義の国として一人前になるための前提条件である。

これから日本の民主主義の真価が問われるだろう。いつまで日本で人口減少が続き、経済的な衰退が続くのかは予想がつかない。しかし、曲がりなりにも民主主義の国として一人前になったと言えるためには、政府から独立した立場で取材をしつつ世論に一定の影響力を持つ複数のメディアが出てくる必要がある。そうしたメディアが一つもない現状は民主主義の国としてとても恥ずかしいことだ。

私たちは1999年からビデオ・ニュース・ドットコムというメディアを20年以上やっているが、小さいメディアに甘んじている。このままでは本当に日本の将来は暗いと案じている。

メディアの未来

この先、既存のメディアをとりまく状況はますます厳しくなるので、彼らはなりふり構わず既得権益を守ろうとするだろう。現実的には、自民党政権であろうが新しい政権であろうが、既存メディアの既得権益をいきなりバッサリと切って捨てることは不可能だろう。大手メディアには記者クラブ以外の取材はほとんどやったことがない人が多いので、そんなことをしたら大変なことになるだろう。

では、長い目で見た時に何が起きるのか。既存のメディアの報道はこれから先も信用を落とし続けることになるだろう。ネットは加工された二次情報ばかりだと先述したが、ネットには既存のメディアのからくりやいんちきを暴く記事も多く出るようになってきている。そうした情報に触れる人が日々増えていくだろうし、現実のメディア報道がそのことを裏付けるような行動を取り続けるだろうから、どうあがいても長期的には既存のメディアは信頼を失って凋落していくだろう。既存のメディアが凋落していくにつれて、独占的な地位が少しずつ弱まっていくだろう。

日本は既存のメディアが特権的な地位を独占し続けているという意味では特殊だが、世界的に見てもメディアの将来は大きな変革期を迎えている。

10年ほど前に、アメリカで地方紙が軒並み廃刊になって、ローカル紙が一つもないメディア・デザート（砂漠）と言われる地域が次々に出てきた。そこで色々な問題が生じたことで、メディアは公器なのだから公的資金を投入するべきという議論も起きた。しかし、公的資金つまり税金を投入するのであればメディアをオーバーサイト（監視）しないといけない。税金の使途は明確にしなければならないからだ。ちなみに日本のNHKは、法律に基づいて徴収した受信料という事実上の税金を使っているので、オーバーサイトが必要とされ国会人事と予算が審議の対象となっている。ただし、BBCのように工夫して議会が放送内容には介入できないようにする仕組みも構築できるのに、日本の場合はそうした工夫がなされていないため、NHKでは政治介入が常態化してしまっている。それは他の放送局も似たり寄ったりだ。なぜならば日本では政府が放送免許を与えているからだ。こんな愚かなことをしているのは先進国では日本だけだ。

インターネット時代のメディアのあり方を巡っては世界的に議論が続いている。世界中でエコー・チェンバー（たこつぼ）の中に入り込んで特殊な世界観を持つ集団が現れていることも問題視されている。そこには有効な解決策はまだ示されていない。メディアは政治が介入すべきでない数少ない領域であるため、それを正常かつ健全な形で機能させるためには、公共性の高い制度と積極的な市民参加が不可欠となる。そして最終的にはその国の民度がメディアの質を決めることになる。メディアはその国の民度の写し鏡であり、その国の民度を超えたメディアというものは存在しえないと考えられるからだ。

メディアと民主主義

メディアがこの先どうなるかという問題は、民主主義がこの先どうなるかという問題と不可分の関係にある。メディアは民主主義の要であり、両者は表裏一体の関係にあるからだ。

ただし日本の場合、メディアの課題ははっきりしている。政府から特権的な地位を得て経営努力をせずとも楽に儲かり、都内の一等地に高層ビルを保有して、いざとなれば不動産業でも食っていけるというような特権の上にあぐらをかいている既存メディアの異常な状況だ。そのような利権や特権は簡単には手放せないので、日本には既存のメディアとは一線を画した独立したメディアが新規参入して、新たなジャーナリズムのベースを作り上げる必要がある。

とはいえ、新しいメディアがいきなり登場することは現実的には難しい。大きな資本が入ってくれれば、報道が歪められるリスクも生じる。仮に公正な報道を心掛けたとしても受け手がそのように捉えない可能性もある。また、そもそも記者クラブに入るのかという問題もある。地方紙の一つもを買収すれば記者クラブには入れるが、それが本当に解決策になるかどうかも疑わしい。記者クラブに入ってしまえば、自らも特権を得る立場になるからだ。記者クラブに入った上で、内側から既得権益を解体することが可能なのかどうかは分からない。おそらく記者クラブの内部は十分に統制されていて、ルールに従わなければ出入り禁止や除名になるだろう。そうするとやはり、日本でメディアが育つにはまだまだ時間が必要になりそうだ。

私はジャーナリストであると同時に起業家でもある。起業家としてはこんなことではだめだと思いつつも、メディアの問題に対しては即効性のある解決策を提示することは難しいと感じている。時間をかけてでも日本のメディア環境を変えていくしか日本が今の閉塞から抜け出せる方法はないと思っている。

自分の目が黒いうちにビデオニュース・ドットコムが既存のメディアと肩を並べられるような存在になることは難しいかもしれないが、それでも次の世代に繋ぐために自分ができるところまでやろうという気持ちで事業に取り組んでいる。ビデオニュース・ドットコムがこうした悠長なことが言えるのは、外部の資本を入れていないからでもある。外部の資本が入れば、当然何らかのリターンを求めてくるので、じっくりと成長を目指すことなどなかなか許されない。既存のメディアを買収して記者クラブに入るなり、徹底的にセンセーショナルな報道で高い収益を上げるなりして、いずれにしても高いリターンを求められるだろう。しかしそれでは、新しいメディアを作る意味が無くなってしまうではないか。

日本は変化することが苦手だが、ある日を境に雪崩を打って変化することもまた日本の特徴である。明治維新の時に佐幕派が一夜にして尊王攘夷派になったり、戦後に皇国主義者が一夜にして民主主義者になったりした実績を持っているのが日本だ。これまでのやり方を続けることが損になると感じれば、何をやっても変わらなそうに見えたメディアもある日突然大きく変わるかもしれない。ただ、残念ながらそうした変化は私の目が黒いうちには日本では起きないかもしれないが。

民主主義とメディアは一蓮托生なので、大手メディアの報道が改善されなければ日本は衰退の一途を辿ることになるだろう。メディアが機能しないということは非民主的な状況にあるということだ。非民主的な状態とは、より多数の国民の声が政治に反映されず、現状に対しての不満が溜まり続ける状態にあるということだ。

日本政治の実態

もし政権交代があれば、メディアも多少は変わるだろう。２００９年に民主党政権が誕生した時には、総理会見に記者クラブ以外のメディアも出席できるようになった。しかし、民主党政権が倒れて、安倍首相の下で自民党政権が復活すると、総理会見から記者クラブの非加盟社を締め出すことまではさすがにしなかったが、非加盟社の記者は会見に出席できても、ほとんど質問に当ててもらえなくなった。もともと、総理会見はテレビ中継されていて、首相官邸のウェブページでも見ることができるものなので、質問ができないのでは会見に出席する意味がない。

このような形で民主党政権で一旦は開いた扉が安倍政権では事実上閉ざされてしまったのだった。

それだけではない。

安倍政権以降、総理会見では、官邸の報道室が事前に記者クラブに質問を提出させた上で、その質問への回答を官邸官僚が関係各所に手配して準備し、その内容は原稿の形で首相の手元に資料として置かれ、首相はその資料を会見の場で読み上げるようになった。これでは総理会見とは名ばかりで、記者クラブの記者と、質問への回答を書いている官僚の出来レースを見せられているだけだ。

しかし、安倍政権も新型コロナの大流行が始まったあたりから迷走を始め、支持率が急落するようになると、やらせ会見を続けることが難しくなってきた。実際、安倍政権の末期あたりから、総理会見で毎回一人か二人の記者クラブ非加盟の記者が質問に当たるようになった。

私は当たらない会見にも辛抱強く出続けていたので、安倍政権下では3回、その後の菅（義偉）政権や、岸田（文雄）政権でも2回ずつ、質問の機会を得た。

事前に提出されていない私の質問に対しては、安倍さん、菅さん、岸田さんは自分の言葉で回答していた。

例えば菅首相時代に、政府が医療機関に対して強制力がないから非常時に病床を増やせないので医師法の改正が必要ではないか、と私が質問したことがある。その質問に対し、菅首相は、今は有事なので法改正は難しいが今後色々と見直していきたいとした上で、その中の一つとして国民皆保険も見直すと発言した。首相が国民皆保険の見直しに言及したのだから、衝撃的なニュースになるはずだ。しかし、その首相の発言をニュースとして取り上げた大手メディアは一つもなかった。

なぜ首相の重大な発言がニュースにならなかったか、その答えは、ある意味で日本の政治、とりわけ政治と官僚の力関係の実相を写し出している。私の質問に対する首相の回答がニュースにならなかった理由について、ある大手メディアの官邸のキャップ（取材リーダー）はこう答えた。

「神保さんの質問は事前に提出していないから、その質問への回答は総理がその場で思いついたことを言っているだけです。日本では総理の思いつきの発言には何の意味もないのです。事前に回答を用意するのは、総理が恥をかかないようにするためだけではなく、回答を官僚が政府内で事前に調整する必要があるからです。会見では総理は調整済みの政府の見解を読み上げているだけなのです」

首相自身の考えなど何の意味もないと堂々と言えることにも驚いたが、これが日本の政治の実相なのだ。質問を事前提出などということはおよそ先進国では考えられないが、日本では真の政府見解が欲しいなら事前に質問を提出するしかないのだ。一般に想像されている民主主義とはあまりにもかけ離れているが、それが日本の政治の実態なのだ。

内閣人事局で政治主導の人事が行われたり、ふるさと納税に反対した官僚が左遷されたり、そうした政治家と官僚の力関係に多少の変化はあるにせよ、やはり日本を動かしているのは官僚であって総理大臣個人はお飾りに過ぎないということだ。もちろん法律上は首相に一定の権限があるので、懐柔しておかなければ思い通りに動いてくれなくなって面倒だから、官僚は下手に出ているが、実際はそうして首相を手懐《てなず》けているだけなのだ。

日本では事前通告されていない質問への首相の回答には意味がない。そのことは日本政治の本質的な問題、政府とメディアの問題、官僚とメディアの問題を露わにしていると言えるだろう。政治家は選挙で選ばれているし、法的には官僚を統制する立場にあるので花を持たされてはいるが、日本を実際に日々動かしているのは官僚とメディアであることを痛感させられるエピソードと言っていいだろう。

しかし、こんな茶番は止めなければいけない。記者は事前に質問を提出せずに質問をすべきだし、その質問にきちんと答えられる人が総理にならなければならないし、総理の発言を受けて霞が関が対応しなければならない。私たちが選んでいるのは官僚ではなく政治家なのだから。

こうした政治の在り方が許されている原因の大きな一端もメディアにある。メディアが事前に質問を提出して回答を用意させ、それを記事にするというやらせ政治の仕組みを作り上げているからだ。こうしたメディアの振る舞い自体が、首相を官僚に隷属させるような立場に追いやっているとも言える。事前に政府内で調整が済んでいようがいなかろうが、メディアが首相の発言をきちんと記事にすれば、首相の発言が国民の目に触れ、自ずとその責任が伴ってくる。そうすれば官僚は首相の意向に沿って動かざるをえなくなるので、結果的に首相が大きな力を持ち、それと同時に責任も生じることになる。日本でいつまでたっても真の政治首導が確立されないのは、メディアに大きな原因があるのだ。

ビデオニュース・ドットコムの未来

筆者は社内では、我々の報道が全体の1％に浸透しなければ日本は何も変わらないとよく話している。日本の1％は約120万人である。ビデオニュース・ドットコムの視聴者はまだ3万人弱で、120万人に到達するにはあと何年かかるか分からない。

ただ、メディアがこのままの状態が続き、結果的に日本が自律的に変われなかったとしても、日本が市場から強制的に変化させられるようになる可能性はある。それが財政破綻なのか、日本国債が売れなくなるのか、あるいは選挙でとんでもない結果が出るのか、具体的にどのような形になるかは予想がつかないが、内発的に変わらなければ外部からの圧力で強制的に変わらざるをえなくなれば、それは大きな痛みを伴うものになってしまうだろう。

もし自分たちで操縦桿を握っていれば、痛みを伴う選択をするにしても多少は進路をコントロールすることができる。しかし市場は容赦がないので、市場から変化を迫られた場合には大変な事態になる。だから市場からNoを突き付けられる前に、自分たちで操縦桿を握らなければならないが、市民が操縦桿を握れる状態にはなっていない。日本ではなかなか正しい情報が得られないので、自信を持って進路を決定することができない。

もし市場からNoを突き付けられたら、日本がどうなるのか全く分からない。既得権の上にあぐらをかいていた既存のメディアは壊滅するだろうが、そこで一から新しいメディアを立ち上げるのもまた大変なことだ。そのような絶望的な状況に陥るまでメディアをどうするかという議論ができないのは情けなくないか。

これからのメディアがどうなっていくかは予想がつかないが、筆者としては、まともな報道メディアを地道に育てていくことで、国民が正しい情報をもとに正しい判断を下す一助になっていきたいと思っている。

きちんとした取材ができて良質の優れた記事を書ける記者に対して、それ相応の給料を払っても、競争力のあるメディアの運営は可能だと確信している。ただ、二つ課題がある。

一つはいかにしてそういう記者を育成するか。一人前の記者を育てるにはとにかく時間がかかる。これればかりは経験が必要なので仕方がない。もう一つは、既存のメディアから邪魔されることだ。例えば裁判の判決文は記者クラブには提供されるが、私たちには提供されない。どこかへ取材へ行っても、既に記者クラブに取材をさせているからという理由で、取材をさせてもらえないこともよくある。既存のメディアの邪魔さえなければ、十分に勝算はあると思っている。

日本にどれくらい時間が残されているか、民主主義にどれくらい時間が残されているか。焦る気持ちはあるが、メディアの問題に即効性のある解決策は存在しない。これからも真っ当なメディアを地道に育てていこうと思っている。

第Ⅵ章

夢見るＡＩ

島田雅彦

島田雅彦［しまだ・まさひこ］

1961年東京生まれ。1984年東京外国語大学ロシア語学科卒。在学中の1983年『優しいサヨクのための嬉遊曲』（福武書店）でデビュー。主な作品に『夢使い』（講談社）、『彼岸先生』（福武書店、泉鏡花文学賞）、『自由死刑』（集英社）、『退廃姉妹』（文藝春秋、伊藤整文学賞）、『悪貨』（講談社）、『虚人の星』（講談社、毎日出版文化賞）、『君が異端だった頃』（集英社、読売文学賞）、『パンとサーカス』（講談社）ほか多数。芥川賞選考委員。法政大学国際文化学部教授。

世界の終わり

世界と資本主義はどちらが先に滅びるのだろうか。

二つの大きな世界大戦、長きにわたる冷戦を経て我々は21世紀に突入した。第二次世界大戦後の世界の覇権は、原爆とコンピューターのアーキタイプの発明によって決定づけられてきた。今日ではコンピューターの世界で生成ＡＩが登場し、汎用型ＡＩの開発も進んでいる。21世紀の覇権は汎用型ＡＩを開発した国が握りそうな気配だが、専制政治との組み合わせによって抑圧的なディストピアが出現する嫌な予感しかしない。

もう一方の大量殺戮兵器である原爆は、第二次世界大戦の趨勢を決する鍵となった。第二次世界大戦は原爆の開発競争でもあったが、歴史は予定調和には進まず、原爆の開発前にナチスが降伏した。そのためアメリカの原爆は当初の目的とは少しずれる形で、ジリ貧の戦争を続けていた日本の広島・長崎へと投下されることとなった。

原爆開発競争の背景は映画『オッペンハイマー』に詳しい。20世紀の物理学のルネッサンス期に、原爆は理論的には作れると分かったが、では実際に誰が開発競争に勝つかという状況だった。オッペンハイマーは、世界初の原爆を開発したいという科学者としての野心と、原爆が大量殺戮をもたらしうることへの倫理的責任との狭間で悩み苦しんだ。映画ではその姿が描かれている。

為政者や軍人の立場からすれば、原爆は戦争に勝つための道具にすぎないというクールな割り切りがあって、結局はそうした政治的な判断が優先された。アメリカ政府の公式見解は、大戦を終結させるために原爆投下は止むを得なかったというものであり、歴代のアメリカ大統領はその見解を踏襲している。日本の歴代総理も昭和天皇も同様のメッセージを言わされてきた。

いずれにせよ、原爆の登場が20世紀後半の世界を決定づけたと言える。その後、ソ連、中国、ひいてはイスラエル、インド、パキスタン、北朝鮮と核保有国が増えていった。いわば、地獄の門、終末への扉が大きく開いてしまったのだ。こうも核が拡散している現状では、核廃絶の声も虚しく響く。冷戦終結後の21世紀の現在においても、核戦争の危険は増し、「終末時計」の残り時間は1947年の最初の発表以来、最短の90秒となっている。

冷戦終結後は、自由と民主主義を標榜する西側諸国が世界の普遍的な理念を体現しているように振る舞い、その理念を力で世界に広めてきた。しかし、ウクライナ戦争やイスラエルによるガザの虐殺を見るにつけ、そうした普遍的な倫理的・道徳的世界秩序を標榜してきた西側諸国も、結局はアメリカの力による支配に協力しており、その倫理的基盤は揺らいできている。一方では、西側諸国ばかりが正義だとは思わないグローバルサウスの国々の伸長も見られる。２０２０年代以降の世界がどう変わっていくのか、予断を許さない状況が続いている。

世界の秩序をリードしてきた西側諸国の行動は、倫理的な普遍性の観点ではなく、実質的には資本主義への貢献の度合いの観点で判断されてきた。結局全ては金のためで、金を持つ者が力も持つという意味で、世界の秩序は資本主義の支配下にある。

もちろん、社会民主主義のように、力による支配ではなく市民の自由や権利を優先する理性的な政策を打ち出す国もあった。民主主義が資本主義の暴走を食い止める役割を期待されてもいたが、昨今の民主主義の堕落によって、民主主義には資本主義の暴走を食い止める力はないだろうと言われ始めている。

現代の幸福

政治や戦争、経済や金融、ビジネス全般、研究、個人のレベルでは恋愛や結婚、就職にいたるまで、どんな営みにも一定の博打的要素がある。

どうせ勝つか負けるかのどちらかだと割り切れれば達観もできるだろうし、勝ち負け自体が大した意味を持たなくなるかもしれない。だが、夢を実現したい、望みを叶えたいという人は後を絶たず、そこに宗教やスピリチュアリズムが入り込む余地がある。

効率よく「勝利」を収めようとしたら、怪しげな数式やアルゴリズムに自分の人生を当てはめることになる。上手くいけば自分が正しかったと思い、上手くいかなかったら何かが間違っていたと考えを改めることになる。実際には、勝った者が正しいわけでも、負けた者が間違っていたわけでもない。

自由主義を標榜する西側諸国では貧富の差が拡大していて、金持ちがさらに金持ちになる現状に多くの市民がうんざりしている。先進国の中で最も抑圧されていて、五公五民状態の日本の市民は、耐える以外の選択肢を持たず、不幸に甘んじているように見える。もしここがフランスや韓国だったら、革命でも起きていなければおかしいところであるが、両国の折々の政変も、裏で財閥や大企業からなる門閥の暗躍が見え隠れする。利権構造の内部の人間しか権力の座にはつけないところはどこも同じだ。

世間的に成功を収めたとされる富豪を何人か見知ってはいるが、誰一人として幸福そうに見えないところがあり、少し溜飲が下がる。結局、どんな成功者も所詮は資本の奴隷でしかなかったということである。資本の奴隷として勤勉に金儲けに努めた結果、気づいてみたら自由を謳歌してはいなかったと思い直すだろうし、蓄財に励む過程で富の再分配もしてこなかっただろうから、幸福を分かち合う喜びも味わわなかったのだろう。だから誰一人として幸福そうには見えないのだと思う。

むしろ、最低賃金に甘んじながら定時に帰宅してサブカルや教養の世界に生きるニートやオタク的な人の方が幸せそうに見えたりもする。六畳一間のアパートで貧乏暮らしをしながら趣味に打ち込むようなミニマムな生活の中にさえ、幸福は見出せるのである。

立身出世という成功を求めるアクティビティからは離脱するライフスタイルもまた、遥か昔から存在し、古代ギリシャのディオゲネスまで遡ることができる。

樽の中で暮らすディオゲネスの噂を聞き付けたアレクサンダー大王がディオゲネスに会いに行き、何か望みはないのかと彼に聞くと、ディオゲネスは大王に、「そこどいて、日陰になるから」と言ったという逸話がある。ディオゲネスはアテネには市民としてではなく外国人として来ており、定職も持たずに実質的にはホームレス生活を送りながらラディカルに自由を追求する立場にあった。この犬儒派のディオゲネスに見られる幸福観・人生観は、所変わって唐の中国での李白、杜甫といった詩人によっても実践されており、不滅のライフスタイルであると言えよう。

現代社会のオルタナティブ

昨今は、ヨーロッパだけでなくロシアや中国においてでさえ、もうマルクスは過去の遺物となっている感があるが、日本ではマルクスの再読、再評価の流れが活発である。

ロシアではマルクスは否定されているし、中国では各大学にマルクス主義研究会や研究室があるものの、私が訪れたいくつかの大学では、どこも部屋に鍵がかかっていて中には誰もいなかった。中国人留学生に話を聞くと、今ではマルクスを読む人はほとんどおらず、習近平らの著作集を読まされるとのことだ。彼らこそがマルクス主義や毛沢東主義の正統な後継者であり、彼らの主張に耳を傾ければ良いとされているようである。絶大な権力を獲得した人は、哲学や思想においても影響力を誇示したがる。墓石だけでなく、思想史にも自分の名前を刻みたいのだろう。

逆に日本の場合は、為政者が哲学や思想に手を出すことはなく、漫画を読んでいるため、かえって政治学者や経済学者が自由にマルクスを読み替えることができるのである。日本では、マルクスの理論を生産様式ではなく交換様式の歴史的推移として読み替える柄谷行人や、環境保護の観点から再評価する斎藤幸平らが出てきて、マルクスが盛んに読み直されている。だが、こうした試みは実質的な社会変革や世直しには直結しそうもない。

資本主義の暴走の歯止めとしての民主主義や社会主義は機能不全に陥っている。現在の民主的な選挙によって選ばれた代表も、市民を抑圧する独裁者を志向しがちで、先祖返りのように封建主義へと回帰している感さえある。市民もまた、封建君主のような為政者を支持して、その悪政に自発的に服従しているようにすら見える。

さて、冒頭に掲げた問いを考えてみよう。世界と資本主義はどちらが先に滅びるのか。

悲観的に見れば、世界の方が先に滅びても資本主義は存続するのかもしれない。人類が文明の主役の座から退場して、汎用型ＡＩの専制のようになった場合にも、汎用型ＡＩ中心の機械文明は継続していく可能性がある。その機械文明においても、資本主義が普遍的な原理として残り、誰が幸福になるわけでも、快楽を貪るわけでもなく、ただひたすらアルゴリズムに忠実なだけの虚しい利潤追求を永遠に続けていくのではないだろうか。それこそが資本の原理なのだから。

帝国主義の再来

20世紀は帝国が滅びた時代だった。帝政ロシアのツァーリ、ヨーロッパのハプスブルク家、ドイツのカイザー、清の皇帝、オスマン帝国のスルタン、そうした帝国・帝政が続々と滅びていった。代わって民族独立・民族自決を原則とする国民国家が各地に成立した。ただ、欧米列強の植民地支配から解放され、各地に国民国家が誕生して独立国家の数こそ増えたものの、政治・経済において真の自主独立を達成できた国は少なく、アメリカやロシアの属国であらざるを得ない国々が数多くあった。実態としては植民地主義は継続していた。

冷戦体制が終焉を迎えてからは、アメリカの一極支配となった。ソ連崩壊時には、これでようやく世界最終戦争が終わったのだという俗流ヘーゲル的解釈をアメリカのフランシス・フクヤマが提出していたが、そのアメリカの一極支配も長くは続かなかった。アフガニスタン侵攻がソ連崩壊の引き金になったのと同様に、アフガニスタン占領政策の失敗によってアメリカの一極支配が揺らいだのは注目に値する。

20世紀に成立した国民国家は、時に自国民ファーストの政策を取ることで、内部矛盾を拡大してきた面がある。自国内の外国人に差別的、抑圧的な振る舞いを見せ、外国人の抑圧装置として機能してきた。

イスラエルはその代表例である。1940年代当時は、この地域はパレスチナと呼ばれ、本来はパレスチナ人が暮らす地域だった。シオニストたちがこの地に自分たちの国民国家を作ろうとしたのだが、イスラエルの建国はパレスチナの植民地化に他ならなかった。今日のパレスチナの立場は実に悲惨である。

ユダヤ人虐殺の被害者意識を前面に打ち出しつつ、イスラエルの建国、パレスチナ人の弾圧は正当化されてきた。ドイツを筆頭に、ユダヤ人虐殺の加害者側のトラウマもあり、イスラエルへの資金援助や軍事支援が免罪符的に行われ、イスラエルの植民地主義的なパレスチナ弾圧に手を貸してきた。

21世紀に入ってから、19世紀への回帰が現実に起こっているように見えるのは、一つには中国やロシアが帝国的な振る舞いをし始めたことが挙げられる。ソビエト連邦は名前こそ帝国ではないが極めて帝国的な国家であった。ロシア共和国に追従するような形で民族共和国の連邦という形を取り、東ヨーロッパの国々を衛星として従えていた国家の構造は帝国のそれに他ならない。

中国も人民共和国ではあるが、22の省はそれぞれがヨーロッパの一国の規模に匹敵し、自治州もあり、実質的にはそうしたものの連邦として成り立っており、実態としては従来の中華帝国となんら変わりはない。中国は資本主義を導入してから急速な発展を遂げて、アメリカにも対抗しうる軍事力を獲得してきた。アメリカの地位低下もあり、帝国主義の再興というムードが濃厚に立ち込めている。一帯一路のスローガンのもと、周辺諸国のみならず、アフリカ諸国にも投資し、衛星国を拡大するところは、朝貢関係を通じて、衛星国を緩やかに版図に組み込む前近代の帝国の統治とよく似ている。

トルコもエルドアン大統領はオスマントルコの再興を目指しているかのようである。アメリカの経済制裁によって疲弊したものの、イランもペルシャ帝国再興の野望を抱いているのではないかと思える。インドも経済的な地力をつけてきて、ムガール帝国の再興が夢ではなくなっている。

このように旧帝国の再興という補助線を引いてみると、再び熾烈なヘゲモニー闘争が21世紀後半に反復されるのは確実と思われる。

プーチンは連邦崩壊後にエリツィンに引き上げられる形で大統領になり、彼のキャリアの初期には連邦を形成していた国々が離脱した。プーチンには世界的な影響力が強かったソビエト連邦時代へのコンプレックスがあるだろう。またプーチンは帝政ロシアへの憧れもあって、自らを絶大な権力を獲得したツァーリであると考えているかもしれない。そうした背景もあって、侵略したもの勝ちを世界に認めさせるように、プーチンはウクライナ侵攻を実行したのだろう。ウクライナ戦争は、日本やアメリカの視点ではウクライナの支援が絶対的義務のように言われている。しかし、戦争の種を作ったのはウクライナによるドンバス支配にある。国民国家化したウクライナが領内のロシア人たちを抑圧したため、ロシア人の安全を守るという口実をプーチンに与えてしまったという見方もできる。

世界は19世紀の帝国主義時代に逆戻りして、国境紛争や内戦や二国間戦争、世界大戦がまた反復されることになってしまうのだろうか？　そうした不安は確かに存在する。武力による強引な現状変更はかなりの財政負担になる、という過去の教訓が十分に生かされていないのではないかとも思える。アメリカはその経験が豊富だということもあり、各国のヘゲモニー闘争を裏でハンドリングしようとする意図が透けて見える。ウクライナ戦争においても、アメリカは自国軍を展開せずに、同盟国にウクライナ支援を呼びかけるだけである。

もし中国が台湾を力で併合しようとすれば、アメリカは日本に中国との代理戦争をさせるよう動くだろう。日本の対米従属派もまたアメリカの意向に忠実に、台湾有事の際には部隊展開する気満々である。ワンチャイナという中国の外交方針を認めている中で、台湾に軍事展開をしたら、中国の内政に干渉することになり主権の侵害にあたる。

日中戦争に発展する危険性は高まっている。いざ開戦となったら、戦争初期はアメリカも戦争に関わるだろうが、米中の直接対決は世界戦争に発展しかねないので、それを避けるためにも途中で戦線を離脱するだろう。日中間での戦争を東アジアの地域紛争にとどめつつ、アメリカは背後から戦争をハンドリングしようと試みる。おそらく日露戦争の時と同じように、アメリカは姑息な密約を中国と結ぶに違いない。中国に有利な仲裁をすることで、日本海に埋まる未発掘の資源の権益を手に入れようとするのではないか。

いわゆる安保マフィア、ジャパンハンドラーと呼ばれる人々は、こうしたシナリオを描いてホワイトハウスに提言しているだろう。ジャパンハンドラーはアメリカ国内ではマイナーな存在だが、日米安保の利権を貪ることには長けているので、中国・台湾絡みの紛争に巧みに介入して漁夫の利が得られるようにとホワイトハウスを誘導している気がしてならない。

日本の金科玉条であるアメリカへの隷属、安全保障の唯一の選択肢であると思い込んでいる日米安保条約の堅持、これらは日本が生き延びる道ではなく破滅へのショートカットになりかねない。

この悪魔のシナリオに引きずり込まれないように日本を導けるリーダーが、日本ではなかなか現れない。日本共産党やれいわ新選組はこうした事情を理解しているものの、彼らが政権を取ることが考えにくい現状では、残念ながらこの悪魔のシナリオ通りに物事が進んでいくのではないかと危惧している。

歴史のｉｆ

世界を取り巻く現状はあまりにも絶望的である。この絶望的な状況の研究をする政治学者には同情を禁じ得ない。その点、フィクションライターという仕事は気楽なものだと思う。こうした現状から離れて、過激な空想・妄想の世界に逃げられるという特権があるからだ。極めて不愉快な現実世界から、異世界へ逃避することができる。

フィクションのジャンルには色々あるが、空想を逞しくするジャンルの最たるものとしてＳＦがある。ＳＦは存在しない世界を描きながら、リアリティを担保するためにサイエンスを用いる。ＳＦでは必ずしも未来だけを扱うのではなく、過ぎ去った歴史を書き換えて過去を変造することさえも可能である。

歴史家は歴史にｉｆを持ち込むことを嫌いがちである。どのように考えても結末は変わらないのだから、ああだこうだ言っても仕方がないということのようだ。でも世界中の言語の文法には仮定法がある。

仮定法は面白いことに、大抵後悔を噛みしめる場合に用いられる。仮定法は希望よりは絶望と相性が良いことだけは間違いない。では逆に仮定法が存在しなければ、人は後悔と無縁でいられるだろうか。仮定法を使用しても虚しいだけだからと、仮定法の使用を拒否したところで、明日から爽やかに生きていける保証は何もない。それどころか仮定法的な想像力を駆使しなくなったとしたら、つべこべ言わずに現実を受け入れろ、あきらめが肝心だという現状追認的な結論に誘導されていくだけである。

歴史にｉｆを持ち込むときの人気テーマは、「もし第二次世界大戦でナチス・ドイツと大日本帝国が勝利を収めていたら？」というテーマである。その実現可能性はどんな条件を仮定して試算するかによって大きく変わる。どんなに有利な条件を付けたとしても、大日本帝国が勝利する可能性は極めて低い気がする一方で、ナチス・ドイツの場合は、もし原爆を先に開発していたら、チューリングを暗殺していたら、独ソ不可侵条約を守ってソ連を同盟に引き込んでいたら、アメリカが参戦していなかったら、と日本よりは勝利の可能性が高まりそうだ。

この歴史のｉｆについては優れた先行作品がある。１９６２年に発表されたフィリップ・Ｋ・ディックの『高い城の男』(早川書房)だ。ナチス・ドイツと大日本帝国が第二次世界大戦に勝利を収めた世界のアメリカを舞台にした小説である。小説の登場人物である「高い城の男」は、第二次世界大戦にアメリカが勝利した世界を舞台にした小説を書いている。つまり、入れ子構造を持つ小説においては、現実と虚構が二重に反転しているのだ。

この『高い城の男』は１９８０年代になって再評価された。その頃、日本とドイツが復興と経済成長を実現して世界経済におけるプレゼンスが高まったことで、『高い城の男』は一種の予言の書として見直されたのである。１９４５年の終戦から40年ほど経ち、敗戦国であったドイツと日本が奇跡の経済成長を遂げ、一時的な経済的勝利を達成したからである。

40年間というと焼け野原が再び森に戻るのにかかる年数と同じくらいの年月である。チェルノブイリでも打ち捨てられたサッカー場が40年ほどで森林となっているし、かつては練兵場だった明治神宮も植林をしたことで今の原生林になっている。皇居も戦前には９ホールのゴルフ場があったのが、ボタニスト昭和天皇が武蔵野の自然を土ごと移植したことで原生林になった。敗戦国も40年間で経済大国になれると証明されたことは、歴史の皮肉とも言える。日本の戦後復興は朝鮮戦争の特需から本格化する。いわば、戦後のアメリカの反共政策の防波堤としての位置付けと、自由経済圏にとどめておくための盛んな投資によって、経済成長を達成できたわけで、対米従属は経済発展と引き換えだったということもできる。ただ、それも1985年のプラザ合意くらいまでで、アメリカの景気悪化に伴い、ジャパンバッシングが起こると、対米従属は逆に経済的に大きな負担となり、日本凋落の要因へと変わってゆく。

アメリカへの隷属のレールを敷いたのは岸信介である。日本をアジアの反共防波堤にする逆コースと呼ばれた戦略、日米安保条約の改定、そうしたアメリカの属国としての立場に甘んじるような政策を、対米従属のドンである岸信介は次々に実現した。その岸信介が敷いた1955年体制のレールの延長線上に現れた後継者が、中曽根康弘である。中曽根は日米同盟を強化し、対米従属の方針の具体的政策としてプラザ合意まで結んだ。日本が経済的に豊かになったから徹底的にアメリカに貢がせて頂きますと言わんばかりの体制が、中曽根の時代に改めて確立されたのだ。その後は、折々の長期政権の時代に対米従属が強まるという法則通りに動いている。

ちなみに、『高い城の男』が発表された1962年には、小津安二郎の遺作である『秋刀魚の味』が公開された。本筋とは関係ないがやけに印象的で私が大好きなシーンがある。笠智衆演じるヒロインの父親が、町中華でかつて同じ軍艦に乗っていた元乗組員に何年かぶりに再会して、二人でトリスバーへ飲みに行く。バーで軍艦マーチのレコードがかかると、懐かしさから元乗組員はふざけて敬礼や行進を始める。その後、元艦長の笠智衆と元乗組員の対話が始まる。

「けど、艦長、これでもし日本が勝ってたら、あたしたちどうなってたでしょうね。勝ってたら、艦長、今頃、あなたも私もニューヨークだよ、ニューヨーク。パチンコ屋じゃありませんよ。本当のニューヨーク、アメリカの」と元乗組員は言い、さらに「負けたからこそね、今の若え奴ら、向こうの真似しやがって、レコードかけてケツ振って踊ってますけどね、これが勝っててご覧なさい、勝ってて。目玉の青い奴が丸髷《まるまげ》かなんか結っちゃってチューインガム噛み噛み、三味線弾いてますよ。ザマーミロってんだ」と続ける。

元乗組員の想像力の貧しさが笑えるシーンである。元艦長が「けど負けてよかったじゃないか」と返すと、元乗組員は酒に酔っぱらいながら「そうですかね。うん、そうかもしれねえな。バカな野郎が威張らなくなっただけでもね。艦長、あんたのことじゃありませんよ。あんたは別だ」と言う。

1962年に私はまだ一歳だったが、このシーンのように日本が負けて良かったと思う人が当時は多数派だっただろう。偶然ではあるが、『高い城の男』と『秋刀魚の味』で同じ歴史のｉｆが用いられていることに面白みを感じた。無責任な歴史のｉｆかもしれないが、1942年6月のミッドウェー海戦で手を引いていれば、占領まではされずに済んだのではないか、サイパン島玉砕で降伏していれば、戦死者は半分以下で済んだし、原爆投下もなかったと考えることがある。

このように歴史のｉｆを想像することは人間の特権であり、もっともらしい月並みな解答しか並べることのできないＡＩでは、凡庸な反実仮想的世界しか構築しえないだろう。また人間の想像力は過去のｉｆを考えるだけにとどまらず、まだ到来していない未来を空想することによって、到来する未来を変容させることさえある。かつて宇宙旅行は空想の世界の話だったが、今では金さえ払えば民間人でも宇宙へ行ける。空想が科学の限界を押し広げて、不可能が可能になるのはよくあることだ。

こうした科学的な想像力だけでなく人文的な想像力も人間を人間たらしめる大きな要因である。同じ社会に暮らす隣人・他者との共生は、他者への豊かな想像力抜きには実現しえないだろう。歴史にｉｆを持ち込むこと、想像力を働かせることは、人間の根本的な営みに他ならない。

祈りとしてのフィクション

歴史は出来事の結果でしかない。仮定の話をしても結果が変わらないのだから諦めろと言う歴史家の原則に大人しく従ったら、常に勝者は正義で敗者は悪という評価に甘んじることになる。

実際、敗戦国がいくら巧みな弁舌を弄して自分たちの正当性を主張したとしても、何ら説得力は持たないだろう。歴史は勝者のものであると言われるゆえんである。敗者は歴史を残すことができない。日本の南北朝時代の対立では、勝った北朝は正史を残せたが、負けた南朝は歴史を記述することさえ許されず、逃げ込んだ吉野の里でオーラルの伝承というかたちでしか歴史を残せなかった。

だが、文学の世界では、谷崎潤一郎が確信犯的にやったように、敗者の歴史、稗史《はいし》・偽史に取材して書いた小説も少なからず存在する。正史を残せない側の人間は、フィクションや物語という形で、敗者の視点に立った歴史を残そうとするものである。敗者の主張は所詮負け惜しみではあるけれども、勝負の条件がもし少し異なっていれば勝負はどうなっていたかは分からないということが往々にしてあるのだから、負け惜しみでも現実味が高い正論になる可能性はある。その意味で、敗者の言い分にも耳を傾ける価値は十分にある。

歴史にｉｆを持ち込むなというのは、敗者の言い分が説得力を持ってくる事態を避けたいからに違いない。敗者の主張が人道的で理路が通っていて、逆に勝者の主張は国際社会に罷《まか》り通りながら独善的で暴力的なことも往々にしてある。それでも敗者の声は決してかき消されることなく残る。

過去の歴史を振り返って、選ばれなかった方の選択肢や、過去の条件を変えた場合の可能世界の想像、実現しなかったもう一つの現実をフィクショナルに夢想することには価値があるだろう。そうした想像を行うことで、現実に辿ってきた歴史的経緯の延長線上に開ける未来とは別の未来像を創り出すことができるはずである。だからこそ、フィクション的な想像力で歴史にｉｆを持ち込むべきだと思うのだ。

歴史は無数の勝者と敗者を生み出してきて、いくら勝者の総取りとは言っても、ことの善悪や正誤の決定権までが勝者に与えられているわけではなく、長い時間の経過とともに出来事の評価は変わり得る。善悪や正誤が逆転することもある。場合によっては、勝者と敗者が入れ替わることもある。

とはいえ広く受け入れられている定説や、歴史の帰結としての現実にフィクションで拮抗することは大変な試みではある。いくら私が想像力を駆使してｉｆの世界を書いたとしても、鼻で笑われて終わりかもしれない。しかし、フィクションは自分の夢や欲望を反映するだけのファンタジーとは異なる。定説の嘘を暴いたり、新事実を発掘したりすることで、今の現実や訪れる未来を少しでもましな方向に変えようという祈りが込められている。逆にそうした祈りなしにはフィクションを書く意味はないという気がしている。

ヒストリー・シミュレーターとしてのＡＩ

今述べてきたように、歴史のｉｆをＡＩにシミュレーションさせてみたらどうかということを考えている。

生成ＡＩの活用用途の拡大は、ここ数年のホットイシューになっていて、ＡＩに小説を書かせたり、マンガのコマに文章を入力して背景を書かせたり、と色々な試みがなされている。

音楽の世界では早い時期からＡＩによる贋作の試みがあった。ベートーヴェンの交響曲第10番・第11番、マーラーの交響曲第11番、ショスタコーヴィチの交響曲第16番、そうした実在しない楽曲が、作曲家の癖をディープラーニングしたＡＩによって創作されてきた。絵画の世界でもレンブラントの贋作が有名だ。至近距離で見たときの筆遣いや画法、絵の具の盛りの癖をディープラーニングすることで、レンブラント作としか思えない絵を描き出してみせている。もともと人間もそうしたことが得意だが、人間の学習には物理的制約がある。ＡＩはその制約を易々と乗り越えて、ビッグデータをたちどころに学習してしまう。もし人間がＡＩと同等の学習をしようとしたら、白内障になってしまうだろう。

歴史もまた言うなればビッグデータの集積である。史料をＡＩに丸ごと読ませて、ナチス・ドイツと日本が第二次世界大戦で勝利を収めるのに必要な条件は何かとＡＩに問うてみたら、ＡＩが何を言うのだろうかということに非常に興味がある。

歴史の流れにもある程度の法則性はあるだろう。「歴史は繰り返す。一度目は悲劇として、二度目は喜劇として」というマルクスの名言は、そうした歴史のアルゴリズムをアフォリズムとしてごく簡略化して表現している。歴史の流れはアルゴリズム化できるかもしれない。

ヒストリー・シミュレーターとして機能するプログラムを作って、図書館やネットにアーカイブされている史料のビッグデータを読み込ませたら、どんな結果が出てくるのだろうか。秘密文書を巡って政府との争いが生じるかもしれないが、データベースに不正アクセスして秘密文書を入手することが可能かもしれない。ＡＩはネット上に流布している情報を高速にかき集められるが、ネットにはデマや陰謀論が溢れかえっている。そうしたノイズを丹念に取り除けて、正しい情報だけを抽出できるような電子篩《ふるい》が必要になる。それをどのように作るのかという問題は依然として残るだろう。もしオペレーターが下手に関与したら、データの取捨選択に作為が入ってしまい、いかような結果も導き出せてしまう。公正性・公平性をどう担保するかという問題も残る。

ＡＩに人間のような理性、倫理、公平性、さらには人情や寛容さがあるのだろうか。そうしたものを全く持たない機械が歴史を記述する際に、どのような問題が生じるのかは深く考える必要がある。こうしたハイパーテクノロジーは、権力を持つ者が独占をしたがるものだから、権力者の恣意が介入しないような使い方がなされるとは考えにくい。しかし、汎用型ＡＩの場合も、クリエイティブ・コモンズのように、フリーに使えるように解放されるべきであり、権力者の専有物にすることだけは避けなければならない。

歴史を紐解けば、かつて聖書は教会の専有物だった。聖書の写本は教会の神父の手によって書き写されて複製されていた。聖書やスコラ哲学の書物は教会が占有していたので、知的財産そのものがパブリックにならなかった。実質的には、一種の秘密指定である。

もし教会が間違ったことを言っていても、それをただす根拠が人々には与えられていなかったので、結局は教会の腐敗や堕落が起きた。私は、ルネッサンスが実質的に準備されたのは、1450年頃のグーテンベルクの活版印刷術の発明によると考えている。一度に1冊の本しかコピーできなかった写本の時代から、活版を作ることで一度に150冊の本を作れるようになった。まさに画期的な複製技術である。聖書が教会の専有物ではなくなり、パブリックに解放された。

活版印刷技術が開発されてからの書物の出版点数は、わずか1年でそれまでの1000年に公になった本の数に匹敵した。それからは誰もが聖書を手にできるようになった。同時に、アーカイブ化された知が書籍として一般市中に出回ることによって、教会や神父への批判精神も芽生えていった。それまでは教会や封建君主が頭ごなしに市民を従わせていた諸々のドグマの間違いが指摘できるようになって、自分の頭でものを考える自由を市民が獲得していった。そこからルネッサンスが始まった。

知の解放に伴って市民が自分の頭でものを考える自由を行使できるようになったこと、そのことをヒューマニズム（人文主義）と呼ぶ。封建領主の奴隷のように土地に縛り付けられていた市民が、自分の頭でものを考えてクリエイティビティを存分に発揮できるようになり、才能を他のスポンサーやパトロンに売り込むことができるようになったことで、人材の流動性が高まった。より良い条件で自分を買ってくれる人のところに移動できるようになって移動の自由も生まれた。さらには能力を一番発揮できる職業を選択できるようになって職業選択の自由も生まれた。封建時代には職業は基本的に世襲であって、職業選択の自由は存在していなかったのだから、人々の自由が一気に広がった。ルネッサンスは人々のライフスタイルを根底から変えたのである。私はいつだってルネッサンスの反復を夢見ている。一方、封建時代のように上から頭ごなしに言われたことを鵜呑みにして旧套墨守し、自分の頭で考える思考の自由を使わずに思考の節約に努めるような風潮は、いつの時代でも復活するものである。

この二つの知的態度は常にせめぎあっている。現状の日本人は、根っこのところに封建時代のメンタリティが残っているとしか思えない。多くの有権者は自分の頭で批判的に思考することをせず、いわゆるネトウヨを最たる例として、古い価値観や保守的な因習を律儀に踏襲して、自分の頭で考えようとしない傾向が見られる。有権者は眠っていて欲しいと発言した保守政治家の言う通り、市民が考える自由を行使しない社会は権力者にとって極めて好都合である。

軍国主義の時代は、上から頭ごなしに下された命令や規則に従うだけで、頭を使わない時代だった。なので、戦後になって言論の自由や思考の自由を取り戻した時に、日本にはヨーロッパ並みの市民意識がまだ根付いていないと感じた日本の知識人が、にわかにルネッサンス研究をしたという話がある。私にはその気持ちがよく分かる。

人間のＡＩ化

ある意味、再び私たちは知的迷妄の時代に入っている。少し前からの反知性主義の浸透は目に余るものがあるが、電脳の浸透やＡＩの発達によって、我々の脳は退化の方向に導かれている気がしてならない。

リサーチひとつ取ってみても、昔は図書館を棚から棚へと飛び回って、関係があるのかどうか分からない本を何冊も借りて、読んでみたら関係ない本だったということはざらだった。一つの事実の裏付けを取るためだけに要した労力たるや、凄まじいものがあった。ただ、そうした労力は決して無駄ではなかった。例えば百科事典である項目を調べるときに、身体性を伴う作業として記憶が強化された面もあったし、必要な項目に辿り着くまでに全く関係ない項目が目に入ってきて、つい読み耽《ふけ》ることもあった。そうした寄り道が積もり積もって出来上がったものを、私たちは教養と呼ぶ。今必要ではないがいつか必要になるかもしれない雑知識がその人の血肉となった。そうした知識の一定の蓄積ができた人のことを教養人と呼んだり、その人物の魅力を形成したりしていたのだ。欲しい情報に瞬時に辿り着くことを可能にするインターネットの登場が、リサーチを簡略化して、私たちの知的怠慢や思考能力の低下を招いたと考えている。

生成ＡＩの時代となると、出来過ぎの秘書が常に傍らにいる状態になり、ますます自分の頭で考えなくなってしまうのかもしれない。「人間のＡＩ化」という養老孟司の名言があるが、ＩＴ技術の発達が機械的単純労働しかできない人間を大量に生み出してしまったとも言える。

どの職業もコンピューターやＡＩの影響を受けているだろう。例えば医者である。本来、医者は患者の体を触って、音を聞いて、また時に言葉を交わして診ることでその患者の病状を把握するものである。しかし、今どきの診察は、患者と面と向かってのコミュニケーションがだいぶ簡略化されており、人の目を見ないで話す医者も増えている。患者の目を見ない医者が何を見ているのか。パソコンの画面である。画面に映し出された血圧測定や血液検査の数値データを見ながら医者は話す。

患者を一つのモノとして、容態をアナログではなくデジタルに数値化されたデータとして見ているのだ。一方で医者には製薬会社とのディープな関わりがあるので、やぶ医者ほど患者をよく見ずに、患者の各種数値データから自動的に処方箋に繋げて、大量の薬を処方する。医者がビジネス化してきて、医療現場が大きく変わってきたと感じる。

ＣＩＡも基本的な職務はオフィスワークになっている。ＣＩＡ職員は、我々と同じようにデスクに向かって、インターネット検索をしているのだ。映画『００７』のジェームズ・ボンドのような仕事をしている人は、ほとんどいなくなったと言われている。もちろん今でもヒューミントと呼ばれる、情報提供者と接触して秘密の情報を取り出してくる活動も行われてはいるようだが、パーセンテージとしてはかなり低くなっているらしい。しかし、データとしてネットに転がっているものだけが情報なのではない。なぜ情報提供者に対面で会うのかといえば、口頭で伝えられる情報のみならず、その人の人となりや性格や精神状態を対面で観察しながらやり取りをすることで、協力者が置かれている状態を把握したり、信頼関係を構築したりするためである。対面の授業であれば、学生の理解度や関心が手に取るように分かるし、聞く方もまた、レクチャラーがどの話を楽しそうにしているかを態度や口調から読み取り、そうしたものに反応しながら講義を聞くことになる。対面の授業では、そうしたノンバーバル・コミュニケーションも自然に同時に行われているので、情報量が圧倒的に多い。

これからのＡＩの活用の仕方は、情報伝達の原点に立ち返った上で考えていくべきだと思う。

ＡＩとのコラボレーション

ＡＩの未開拓領域はまだまだたくさんある。もちろんＡＩを開発している専門家は、私たちが全く理解できないプログラミング言語を駆使して作っているし、量子コンピューターのメカニズムなぞ知る由もないが、そうしたものをどう活用するかについては、諸ジャンルからの知恵が有効である。「ドラえもん」の四次元ポケットから出てくる奇想天外なテクノロジーのように、大衆ＳＦの領域から新しい研究テーマが導き出されることはよくある話だ。

ドイツのマックスプランク研究所では、最先端の医学生理学者、機械工学者、生物学者、物理学者に交じって文学者もいると聞くし、ＭＩＴ（マサチューセッツ工科大学）のメディアラボにも理工系の専門家だけでなく作曲家や詩人もいて、実に学際的な雰囲気がある。日本の大学では、専門の学部の先生同士のコミュニケーションしかなく、それもたいして活発ではない。

全く異なるジャンルの研究者が同じファカルティ・パブで酒を飲み、物理学者が文学の話に食いつき、文学者も量子力学の基本は分かるように、異なるジャンルの知性がランダムに交錯するという多様性が最先端の研究には有効である。ＳＦを書いている小説家の素人発想だからと馬鹿にするのではなく、その発想を検証するくらいは専門家がやってもいいはずだ。

ＡＩでやってみたいことの一つとしてヒストリー・シミュレーションの話をしたが、歴史の真実を見極めることは難しい。自然は嘘をつかないが、人間は嘘をつき、ＡＩも人間の真似をして嘘をつくだろうから、絶対的な真実に辿り着くことはないと思う。少なくとも言葉で真実を見極めようとする限りは無理だろう。嘘つきが一つの嘘を別の嘘で誤魔化すように、真実の周りには何重にもトラップが張り巡らされていて、なかなか真実には辿り着けない。

それでも少しでも真実に近づくためにＡＩが果たせる役割を考えてみる。歴史のビッグデータを読み込ませ、虚偽やデマや陰謀論を全て電子篩にかけて落として、真実だけをＡＩに学習させたとしても、完璧な歴史のシミュレーションはやはり難しいだろう。歴史上の重要な決定や決断は人間が下してきたものであり、そうした決断は時に感情的、時に衝動的、時に狂気の産物であり、決定に従事する人間自体が不合理で矛盾だらけで狂っているからだ。一方では、ＡＩの回答はもっともらしく真実味があるように聞こえるものの、特定の言語体系の文法や慣用表現に従って、より多数の合意を得られそうな模範解答を並べているにすぎないという悲観論もまた存在する。退屈な優等生みたいなＡＩに、人間の訳の分からなさ、荒唐無稽な想念をも生み出す人間の無意識や欲望、コンプレックスや歪んだ感情までは理解できないだろう。

しかし、もし来たるＡＩに人間と同じように無意識の領野があれば、人間の非理性的な感情や感覚まで含めた分析が可能になるかもしれない。人間のように何の根拠もなく閃《ひらめ》いたり、狂ったりできるＡＩが出てきたらどうなるだろうか。人間でもＡＩでも、凡庸なやつはアルゴリズムと論理で計算可能な世界しか見ようとせず、だからこそ真実に近づけない。狂気のような計算不可能な領域への感性を持つＡＩであれば、歴史の背景にあるものまで含めて理解して、新たな歴史の展望を開くことがあるかもしれない。

ただ、結局は誰がＡＩのオペレーターになるかという問題に帰着するだろう。その場合には、優れたエンジニアというよりも、詩人や小説家、子供のように、無意識の領野が広い人の方がＡＩと上手にコラボレーションできるという希望的観測も成り立つ。

夢見るＡＩ

夢見るＡＩを作ってみたらどうなるか。

もともと人間の言葉や想念は二つの心の相互作用で立ち上がると言われる。一方はロゴスで、秩序や善悪、真偽を最終的に決定するような役割を持つ。もう一方はレンマと呼ばれるもので、妄想、夢、欲望、愛、祈り、喜怒哀楽といったものを生み出す。このロゴスとレンマの相互作用によって私たちは生きている。意識と無意識、ロゴスとレンマ、コスモスとカオス、現実と夢、そうした相互作用の中で、日々のあらゆる営みを行っている。

ロゴスの領域では因果律や時間概念、社会を動かすシステムやアルゴリズムが作り出されるが、レンマの領域では、想念はランダムに変化し続けていく。そこでは一種のカオス状態が保たれている。想念と言葉はカオス的・無意識的な領域から、ロゴスの領域へと伝達されるが、その逆コースはない。カオスからコスモスは生み出されるが、コスモスからカオスはできない。ギリシャ神話で描かれているように、カオスはあらゆるものの生成の源である。

生成ＡＩも生成の源としてのカオスをどれだけ抱え込めるかに尽きるのではないかと思えてくる。従来型のＡＩがロゴスだけしか持たないとするならば、カオスにあたる領域を持ち、両者の相互作用によって駆動するＡＩが開発されたら、面白いことが起きるような気がしている。

矛盾や破綻を嫌うような人は心の病になりやすい。ジレンマに陥ったり、パラドックスに悩んだり、ダブルバインドで立ち往生したりしがちである。だが、全ての人間が心の病になるわけではない。清濁併せ呑みながら、軽やかにジレンマを楽しんだり、パラドックスを弄んだり、ダブルバインドを突き抜けたり、そうしたことができるのは、人間に無意識の領野があってカオスに開かれているからではないのかと考えている。

一番古い言語による創作物である神話のおおもとは夢である。かつてシャーマンが見た夢は、現実の世界における政治を左右するものとして機能した。夢の派生物である神話からさらに派生したのが英雄叙事詩であり、文学である。英雄叙事詩では、人間の営みや運命の残酷さが物語化されて盛り込まれ、荒唐無稽だった神話や夢に論理が加わることで、共同体の中で共有される物語となった。物語としての英雄叙事詩は、集団の結束を高めたり、集団の共通認識を形成したりした。

人間の諸々の営みをそうしたものの延長線上に位置づけるとしたら、やはり出発点はカオスである。そう考えると、これまでに人間の脳が作り出してきた自然界に存在しない空想世界は、最初から物理的な制約を超越しており、それ自体が夢であり、仮想現実であり、可能現実であり、パラレルワールドである。その最古の例が、黄泉の国や地獄だ。脳が作り出した、極めて具体的なイメージを伴う仮想現実である。

そうした空想世界では物理的に不可能なことが可能になっている。現実原則の中では私たちは死者とは交われないが、あの世からこの世に死者が時折訪れてくるという前提を作れば、死者との対話が可能になる。現実では、過去に逆行したり、未来にワープしたりすることは不可能だが、空想世界ではいとも簡単に実現する。量子力学の世界では複数の並行世界が存在し、これまでの物理法則の枠組みを超えているようだが、それは人間の脳も同様で、一度夢想の世界に飛んでしまえば、あらゆる物理法則は軽々と乗り越えられるだろう。

歴史のシミュレーションは時空を超える営みでもある。歴史は人間の営みの記録であり、その営みに至る出発点にはカオスがあるという考え方からすると、こうした人間の無意識の領野を兼ね備えたＡＩであれば、面白いヒストリー・シミュレーションができると思っている。

あとがき

冒頭でも述べたが、本書はこれからの世の中のあり様と日本のあるべき姿についての日本構想フォーラムからの提言である。ＡＩの発達と社会実装が現実のものとなりつつある今、これまで約60回の討論を重ねてきた日本構想フォーラムの活動の一つの区切りとして本書を上梓することは、時宜を得た、また社会的意義のあることと、メンバー全員が喜びと光栄を感じている。

３００年前にデカルトやニュートンによって拓かれた「近代」は、産業革命によって強力な推進力を得て「現代」の世の中のしくみや人々のライフスタイルを形成してきた。本書が提示したＡＩ化時代のあり様は、「現代の次の時代」の姿である。その意味でポストモダンの提示になっている。近代の弊害や矛盾については半世紀以上も前から多くの哲学者や科学者、文学者や芸術家によって指摘、検討されてきたが、それらは定性的な課題の提起に留まっていて、現実的な解決策や具体的な次の時代の姿を描き出すまでに至っていなかった。

あたかもボッカッチョやルターが神と教会が支配する中世の問題点を指摘するも、デカルトやニュートン、ワットやエジソンが登場するまでは現実的に近代が始まらなかったのに似ていると言えよう。ルターが教会の権威を否定してからデカルトやニュートンが登場するまでに100年余りかかっているし、デカルトやニュートンが神と教会に代わる新しい正しさの根拠として合理性と科学を据えてから化石エネルギーの活用を実現したワットまでに更に100年余り、電気・電力の実用化を実現したエジソンまでは、また更にもう100年余りかかっている。

こうした中世から近代・現代への歴史の流れになぞらえると中世のあり様に対して、定性的なアンチテーゼを打ち出したルターの仕事がポストモダニズムの問題提起の議論で、コンピューターやAIの理論的発明がデカルトやニュートン、そして生成AIの登場がワット、エジソンに当てはまるように思う。

エジソンが竹のフィラメントで灯した電球が光を放った時には夜の街はまだ暗く人が空

を飛ぶこともなかった。しかし、その後の変化は激しく、早く、竹フィラメントの電球から100年も経たずに人類は月面着陸を果たしたのである。

こうしてみると、生成AIの登場がワット、エジソンの発明に当たるとすると、これからの現実世界のあり様はとてつもなく早く、大きく変わっていくことになる。その変化を的確に予測することは非常に困難ではあるが、どうなっていくのかを予想してみることには意義があると思っている。ちなみにジュール・ヴェルヌが『月世界旅行』を書いたのは1865年で、エジソンによる電球の発明よりも前である。ランプの下でヴェルヌが書いた『月世界旅行』は、その後の人類の進歩の指針となって、人類は約100年後の1969年にアポロ11号によって月面着陸を果たすことになる。

つまり、次の時代の予測、予想どころか空想すら、次の時代のあり様に貢献し得ると我々は考える。ヴェルヌの慧眼には遠く及ばないものの、これからAIが社会の隅々まで浸透し始めていくであろう今のタイミングで、様々なスコープから未来の姿を思い描くことは意義あることと考える。

なお、紙数の制約やスケジュールの問題によって本書においては直接の執筆に参加できなかったメンバーもいるが、そうしたメンバーの考えや思いもこれまでの60回あまりの討論の中で表明されており、今回の原稿に反映されているものとご理解いただきたい。

本書が多くの方に読まれ、これからの世の中がより良き姿になっていくことをメンバー全員が期待している。

本書の出版に際しては多くの方々のお世話になりました。中でも、本書の企画から進行まで全ての面でサポートしてくださった日本構想フォーラム事務局の大星光世氏、複数の執筆者による多様なテーマについての原稿を整えるという大変な役割を担ってくださったライターの宮澤将史氏、また本書の出版に様々なご尽力をくださった小学館出版局の飯田昌宏氏、山内健太郎氏には心から感謝しています。

２０２４年10月　波頭亮

―日本構想フォーラムメンバー―

・磯田道史（歴史学者）
・伊藤穰一（ベンチャーキャピタリスト）
・島田雅彦（小説家）
・神保哲生（ジャーナリスト）
・團　紀彦（建築家）
・中島岳志（政治学者）
・西川伸一（生命科学者）
・茂木健一郎（脳科学者）
・山口　周（パブリックスピーカー）
・波頭　亮　幹事（ソシオエコノミスト）

プロフィール

磯田道史［いそだ・みちふみ］

1970年岡山生まれ。慶應義塾大学大学院文学研究科博士課程修了、博士（史学）。専門は日本近世史。『武士の家計簿』（新潮新書）で新潮ドキュメント賞、『天災から日本史を読みなおす』（中公新書）で日本エッセイスト・クラブ賞を受賞。著書に『日本史の内幕』（中公新書）、『感染症の日本史』（文春新書）など。国際日本文化研究センター教授。

島田雅彦［しまだ・まさひこ］

1961年東京生まれ。1984年東京外国語大学ロシア語学科卒。在学中の1983年『優しいサヨクのための嬉遊曲』（福武書店）でデビュー。主な作品に『夢使い』（講談社）、『彼岸先生』（福武書店、泉鏡花文学賞）、『自由死刑』（集英社）、『退廃姉妹』（文藝春秋、伊藤整文学賞）、『悪貨』（講談社）、『虚人の星』（講談社、毎日出版文化賞）、『君が異端だった頃』（集英社、読売文学賞）、『パンとサーカス』（講談社）ほか多数。芥川賞選考委員。法政大学国際文化学部教授。

神保哲生［じんぼう・てつお］

1961年東京生まれ。15歳で渡米。コロンビア大学ジャーナリズム大学院修士課程修了。AP通信など米国報道機関の記者を経て独立。99年、日本初のニュース専門インターネット放送局「ビデオニュース・ドットコム」を設立。代表・編集主幹に就任、現在に至る。主要な取材テーマは地球環境、国際政治、メディア倫理など。地雷リポートで1997年ギャラクシー賞特別賞受賞、『ツバル 地球温暖化に沈む国』（春秋社）で2005年大宅壮一ノンフィクション賞最終ノミネート。

中島岳志［なかじま・たけし］

１９７５年大阪生まれ。大阪外国語大学でヒンディー語を専攻。大川周明の存在を通じて近代日本の政治思想に興味を持ち、20歳の頃からインド独立運動の闘士Ｒ・Ｂ・ボースの生涯を追いかける。京都大学大学院アジア・アフリカ地域研究研究科に進学し、１９９９年初めてインドへ。ヒンドゥー・ナショナリストとの共同生活を通じて宗教とナショナリズムの問題を追究する。『中村屋のボース』（白水社）で大佛次郎論壇賞。東京科学大学リベラルアーツ研究教育院教授。

西川伸一［にしかわ・しんいち］

１９４８年生まれ。１９７３年京都大学医学部卒、京都大学結核胸部疾患研究所にて研修医、医員、助手を経て、１９８０年より基礎医学に進み、毎日作られては壊される細胞の新陳代謝の根元を支えている「幹細胞」について研究を続けている。１９８０年ドイツのケルン大学遺伝学研究所に留学。帰国後、京都大学胸部疾患研究所にて助手、助教授を務めた後、１９８７年熊本大学医学部教授、１９９２年より京都大学大学院医学研究科教授を歴任。２０００年理化学研究所発生・再生科学総合研究センターの副センター長および幹細胞研究グループディレクターを併任。２０１３年、あらゆる公職を辞し、ＮＰＯ法人オール・アバウト・サイエンス・ジャパン代表理事として新しく出発。様々な患者団体と協力し、患者がもっと医療の前面で活躍する国にしたいと活動を行っている。

波頭亮［はとう・りょう］

東京大学経済学部（マクロ経済理論及び経営戦略論専攻）卒業。マッキンゼーを経て独立。戦略系コンサルティングの第一人者として活躍を続ける一方、明快で斬新なビジョンを提起するソシオエコノミストとしても注目されている。主な著書に『経営戦略概論』、『思考・論理・分析』（ともに、産業能率大学出版部）、『プロフェッショナル原論』、『成熟日本への進路』（ともに、ちくま新書）などがある。２００７年より「日本構想フォーラム」主宰。

日本の新構想
生成ＡＩ時代を生き抜く６つの英智

二〇二五年 二月四日 初版第一刷発行

著者 磯田道史 島田雅彦 神保哲生
中島岳志 西川伸一 波頭亮

発行人 石川和男
発行所 株式会社小学館
〒一〇一－八〇〇一 東京都千代田区一ツ橋二ノ三ノ一
電話 編集：〇三－三二三〇－五一二六
販売：〇三－五二八一－三五五五

印刷・製本 中央精版印刷株式会社

Printed in Japan ISBN978-4-09-825484-2